Georg Fraberger

# Wie werde ich *Ich*

## Zwischen Körper, Verstand und Herz

Residenz Verlag

Bibliografische Information der Deutschen Nationalbibliothek
Die Deutsche Nationalbibliothek verzeichnet diese Publikation in
der Deutschen Nationalbibliografie; detaillierte bibliografische Daten
sind im Internet über http://dnb.dnb.de abrufbar.

www.residenzverlag.at

© 2017 Residenz Verlag GmbH
Salzburg – Wien

2. Auflage

Umschlaggestaltung: Thomas Kussin
Umschlagfoto: Aleksandra Pawloff
Typografische Gestaltung, Satz: Lanz, Wien
Lektorat: Arnold Klaffenböck
Gesamtherstellung: Druckerei Theiss GmbH, St. Stefan im Lavanttal, Österreich

ISBN 978 3 7017 3404 7

# Inhalt

# Vorwort

Jeder kennt den Moment, in dem man plötzlich Ja sagt zu etwas, das man eigentlich nicht möchte. Beeinflusst von der Stimmung einer Situation oder dem Charme eines Menschen, kann es schnell passieren, dass man auf die eigenen Bedürfnisse und Wünsche vergisst und sich rasch für etwas verpflichtet, das man innerlich ablehnt. Oder das Gegenteil tritt ein: Man entscheidet sich gegen etwas, das man möchte, gegen etwas, wonach man sich sehnt, wie zum Beispiel eine Beziehung, obwohl das Herz sagt: »Diese Frau / dieser Mann wäre gut für dich.« Wie kann es sein, dass wir uns in Situationen begeben, die wie eine Art Blackout wirken und uns jegliche Entscheidungsfreiheit rauben? Erst im Nachhinein denkt man über solche Situationen nach und fragt sich, weshalb man sich für oder gegen etwas entschieden hat, das man als nüchtern denkender Mensch eigentlich nicht möchte. Wenn man öfter darüber nachdenkt, wird man feststellen, dass einem das nicht nur einmal passiert. Es lohnt sich also, innerhalb einer freien Gesellschaft auch sich selbst eine Freiheit zu schaffen, um sich dem Druck falscher Entscheidungen selbst nicht auszuliefern.

Die Frage, ob man die richtige Entscheidung getroffen hat oder nicht, fällt unmittelbar oft gar nicht auf. Es ist sehr verführerisch, eigene Entscheidungen auf andere Menschen zu übertragen. Dann denken wir: »Der ist schuld daran, dass es mir so schlecht geht.« Oder: »Schon wieder gerate ich an einen Menschen, der mir nicht guttut.« Manchmal schmerzt es, sich selbst die Schuld zu geben und sich eingestehen zu müssen, die eigene Freiheit aufgegeben zu haben. Der emotionale Schmerz der Schuld oder das Gefühl des Ärgers darüber, die falsche Entscheidung getroffen zu haben, deutet darauf hin, dass Gefühle offenbar eine wesentliche Rolle dabei spielen, Ja oder Nein zu sagen. Trotz der offensichtlichen Macht der Gefühle werden diese oft unterschätzt, als lächerlich empfunden, abgewehrt oder gänzlich ignoriert.

Seit dem Jahr 2000 arbeite ich als Psychologe hauptsächlich mit Menschen, die im Leben mit ihren Gefühlen nicht zurechtkommen. Die meisten, die meine Praxis betreten, betonen, dass sie nicht verrückt sind. Sie wundern sich, weshalb der Körper bestimmte Reaktionen und Gefühle liefert, die auf Enttäuschungen, Schwäche und Verzweiflung hindeuten, gleichzeitig aber der Verstand keinerlei Schwächen aufweist. Wie das sein könne, fragen sie mich. Entweder werden sie von positiven Gefühlen überwältigt, müssen zu rasch weinen und mitfühlen, oder sie werden von negativen Gefühlen wie Angst, Ärger und Schüchternheit beherrscht. Solche Gefühle, die einen Menschen dazu bringen, einen Psychologen aufzusuchen, werden vom Verstand als lästig, störend, dem Erfolg im Weg stehend, eine Beziehung zerstörend oder auch als sinnlos betrachtet. Als Psychologe freilich betrachtet man Gefühle neutral. Es gibt somit keine (ver)störenden, falschen oder lästigen Gefühle. Jedes Gefühl ist gleich viel wert und jedes will und muss beachtet werden. Wird ein Gefühl als störend empfunden, so gilt es herauszufinden, weshalb gerade dieses Gefühl in jenem Moment auftaucht. Ein Gefühl ist eine Ausdrucksweise des Körpers, ob etwas als angenehm oder unangenehm empfunden wird. Ein Gefühl kann nicht zwischen Richtig und Falsch, zwischen Wahr oder Unwahr unterscheiden, sondern lediglich erkennen, ob man sich in einer Situation wohl- oder gestresst fühlt.

Die Aufgabe von Gefühlen besteht darin, anzuzeigen, ob sich ein Mensch in die richtige Richtung entwickelt oder eben nicht. Doch was ist diese »richtige Richtung«? Hier gibt es neben dem verstandesmäßigen Richtigsein und dem guten Gefühl noch eine weitere Ebene – die Sinnebene. Diese erahnen wir mit dem Herzen.

Die meisten Menschen, die meine Praxis aufsuchen, kommen zu mir, weil unangenehme Gefühle so mächtig sind, dass sie die Betroffenen unfrei machen. Einige von ihnen konzentrieren sich auf einen Sinn im Leben oder auf den Weg des Herzens, jedoch hindern unangenehme Gefühle sie daran, ihr Ziel konsequent zu verfolgen. Andere leben ein solides, ordentliches Dasein und können sich nicht erklären, wieso sie sich nicht überglücklich fühlen. Analysiert man Lebenssituationen und betrachtet Schicksale logisch, so zeigt sich, dass der Umstand, Gefühle als angenehm oder unangenehm zu erleben, nicht der störende Faktor ist. Man kann lernen, unangenehme Gefühle auszuhalten. Es geht darum, selbstständig etwas entscheiden zu können und nicht Sklave seiner Gefühle zu sein. Die Macht der Gefühle zeigt aber nicht nur, wie wichtig die Auseinandersetzung mit sich selbst ist, um ein angenehmes, ruhiges Leben führen zu können. Die Macht der Gefühle zeigt vor allem, wie bedeutsam es ist, auf uns selbst zu achten. Jedes Zurücknehmen von Bedürfnissen, jeder Versuch, sich anderen Menschen gegenüber zu verstellen oder ihnen etwas vorzuspielen – ob bewusst oder unbewusst –, wird von Gefühlen gezeigt. Letztere machen uns bewusst, dass alles seinen Preis hat: Viel arbeiten, viel Geld verdienen … oder das Gegenteil, nichts arbeiten und wenig Geld verdienen … all das wird vom Gefühl bewertet.

Das Gefühl erkennt, ob sich etwas lohnt. Das Gefühl zeigt, was es heißt, lebendig zu sein, Freude, Respekt, Achtung und Sinn zu erleben. Das Gefühl zeigt auch, wie hilfreich Frust, Unverschämtheit, Frechheit und Aggression sein können. Doch auf diese Aspekte von Gefühlen wird oft nicht geachtet. Vielmehr konzentrieren wir uns darauf, was angenehm ist. Wird auf die Aufgabe von Gefühlen vergessen, so fragt man sich: »Weshalb kommt jetzt ein schlechtes Gefühl?« – und nicht: »Vielleicht sollte ich etwas anderes tun?« Als Psychologe ist man genau solchen Fragen auf der Spur, Fragen und Antworten, die dazu verhelfen, frei zu machen: Frei, indem man lernt, darauf zu achten, was der eigenen Natur entspricht. Darauf zu achten, sein Gefühl zu kontrollieren, wäre der falsche Ansatz, denn jedes Gefühl ist richtig.

Das Dilemma ist altbekannt: Wenn ich mich nur gut fühle, weil ich brav bin, bin ich nicht *Ich*, denn ich vergesse oder unterdrücke meine eigenen Bedürfnisse, meine Wünsche sowie meinen Sinn einem anderen Menschen zuliebe. Orientiert man sich bloß an seinen Gefühlen und fühlt sich lediglich wohl, indem man der Meinung anderer entspricht, so ist man manipulierbar. Denn eine Meinung ändert sich und hängt stark von individuellen Bedürfnissen ab. Umgekehrt verhält es sich genauso: Wenn ich lediglich tue, worauf ich gerade Lust verspüre, bin ich auch nicht *Ich*. So kann es passieren, dass ich zum Egoisten werde, unangepasst, andere verletzend und einsam. Auch so werden Wünsche und der eigene Sinn nicht erfüllt.

Seine eigenen Entscheidungen zu treffen, die sich von jenen der anderen unterscheiden, kann zu Unsicherheit führen. Diese zeigt sich in den Banalitäten des Alltags. Beispielsweise beginnt man zu flüstern, wenn man sieht, alle anderen flüstern auch. Oder ein schlechtes Gewissen befällt mich, sobald ich Pause mache, während ich sehe, dass alle anderen durcharbeiten. Wir lernen, die eigenen Gefühle hintanzustellen und Harmonie in uns zu erzeugen, indem wir tun, was innerhalb einer Gruppe von Menschen als passend eingeschätzt wird.

Die Frage »Wie werde ich *Ich*?« betrifft aber nicht nur den Umgang mit Entscheidungen, sondern vor allem auch den Umgang mit falsch getroffenen Entscheidungen. Absichtlich wird hier betont, dass das Gefühl, eine falsche Entscheidung getroffen zu haben, das Problem darstellt. Haben wir tatsächlich bewusst eine falsche Entscheidung getroffen, oder war diese Entscheidung notwendig, um Bewusstsein darüber zu erlangen, was nicht erwünscht ist? Wie gehen wir mit dem Gefühl um, ungeschickt zu sein, ein Verlierer oder ein Versager? Besonders in dieser Problematik ist es entscheidend, die Frage »Wie werde ich *Ich*?« als Entwicklungsprozess zu betrachten. Der wird von momentan empfundenen Gefühlen oft ausgeschlossen oder übersehen. Es ist wichtig, sich selbst eine Entwicklungschance zu geben, um aus einer falschen Entscheidung lernen zu können.

Das vorliegende Buch befasst sich mit meinen Erfahrungen als Mensch und als Psychologe. Oftmals werden Fallbeispiele erwähnt, die aufzeigen sollen, wie mit unangenehmen Situationen und falschen Entscheidungen am besten umzugehen ist. Sämtliche Schilderungen wurden aus Datenschutzgründen derart verändert, dass die Identität und Anonymität der Betroffenen gewahrt bleiben, aber die dahintersteckenden allgemeingültigen Probleme exemplarisch vorgestellt und gedeutet werden können.

# Ausgangslage

*Jeder sieht, was du scheinst.*
*Nur wenige fühlen, wie du bist.*
NICCOLÒ MACCHIAVELLI

Bestenfalls werden wir zu freien Menschen erzogen, die lernen müssen, Entscheidungen zu treffen, um Ziele zu erreichen. »Folge deinem Herzen« – »Nutze dein Talent« – »Tue, was dich interessiert, aber tue es rasch«: All das soll uns motivieren, den richtigen Job, den passenden Partner beziehungsweise die Partnerin, das geeignete Hobby zu finden, um glücklich zu leben. Mit dem Ziel vor Augen, was ich werden möchte, ist es verlockend, in eine Rolle hineinzuschlüpfen und endlich zu leben.

Als Psychologe treffe ich jedoch auch Menschen, die nicht so erzogen worden sind. Vielen haben ihre Eltern weniger Beachtung geschenkt. Hauptsächlich hat man ihnen beigebracht, etwas zu lernen und arbeiten zu gehen. Ob die Arbeit interessant sei oder nicht, danach hat niemand gefragt. Hauptsache, die Kinder würden später einmal selbstständig leben und finanziell niemandem zur Last fallen.

Meiner Erfahrung nach steht jeder vor derselben Problematik, seine eigenen Entscheidungen treffen zu müssen, unabhängig vom jeweiligen Erziehungsstil. Entzieht man sich dieser Aufgabe, so spielt man nur eine Rolle und versucht, hierdurch seinen Traum zu leben und es allen Menschen recht zu machen. Man läuft Gefahr, in Stress zu geraten und an seinen eigenen Aufgaben zu scheitern. Deshalb ist es notwendig zu wissen, wie die menschliche Psyche funktioniert. So denke ich beispielsweise, dass ich genau weiß, was ich will und wie ich mich benehmen muss, um etwas zu erreichen. Ich habe eine Idee, wie ich Ziele erreichen kann, und der Körper muss machen, was ich will.»Laufen ist gesund!«, sagt der Verstand, und daher geht der Körper laufen. »Pünktlich zu sein ist ein Gebot der Höflichkeit!«, wird uns von Kindesbeinen an beigebracht, und darum stresse ich mich von Termin zu Termin.»Liebe deinen Nächsten!«, wissen wir aus der Bibel, und gleichzeitig sind wir neidisch, gewalttätig oder betreiben stummes Mobbing.

Warum ist das so? Wie kann es sein, dass wir all die guten Dinge im Leben anstreben, die der Körper dann irgendwie nicht aushält und sich dagegen wehrt? Liegt das Problem darin, dass der Körper nicht alles mitmacht, was der Verstand für gut hält, oder daran, dass Letzterer nicht weiß, was für Ersteren wirklich gut ist? »Rauchen ist ungesund«, gibt der Verstand der Hand zu verstehen, die eine Zigarette anzündet. Und plötzlich, aus irgendeinem Grund streikt der Körper. Er wird müde, droht zusammenzubrechen oder fühlt in bestimmten Situationen etwas völlig Unpassendes, als habe er ein eigenes Wissen, das dem des Kopfes widerspricht.

Doch wie kann das sein? Es lohnt sich also, darüber nachzudenken, wie man seine Persönlichkeit entwickelt, wie man all das, was man gelernt und erfahren hat, sinnvoll einsetzen kann. Das negative Gefühl ist die einzige Instanz, die den Verstand darauf hinweist, dass etwas nicht passt und dass man im Leben etwas ändern muss. Unsere Gefühle bringen uns zum Nachdenken. Das Erste, worüber wir nachdenken, sind die Gefühle selbst. Sie sind es auch, die einen Menschen zum Arzt oder zum Psychologen bringen. Und sie sind es auch, die man geändert haben möchte. Über die Ziele, die man im Leben erreicht hat, und über das, was man im Alltag tut, wird für gewöhnlich weniger nachgedacht. Denn der Verstand argumentiert: Ich muss ja arbeiten, ich kann ja meinen Kindern eine Scheidung nicht antun, ich kann ja nicht unhöflich sein etc. Oft befinden sich Menschen in Situationen, in denen sie ihre Lebensziele bereits erreicht haben. Viele haben sich eine Existenz aufgebaut, die von Arbeit und Beziehungen geprägt ist. Doch anscheinend zeigt das Gefühl an, dass weder die Arbeit noch die Beziehungen so verlaufen, wie man es gerne hätte. Kaum hat man seine Ziele erreicht, so der Eindruck, steht man scheinbar vor dem Nichts. Unbewusst hat man das Ziel mit einem Gefühl verknüpft. Man wundert sich, dass das tolle Gefühl, welches so sehnlich erwartet wurde, sich nicht einstellt und dass sich gefühlsmäßig eigentlich nichts zum Positiven verändert, obwohl doch das angestrebte Ziel erreicht worden ist. Jeder steht vor der Entscheidung, sein Verhalten an die Bedürfnisse anderer anzupassen und so liebenswert zu sein, oder aber sein Verhalten an die eigenen Bedürfnisse anzupassen. Beide Male kann man somit für seine Taten geliebt werden, jedoch weiß man bei dem, der auch seine eigenen Bedürfnisse achtet, dass er / sie es aus reinem Herzen macht.

Jemand, der stark übergewichtig gewesen ist und durch langwierige Operationen sein Wunschgewicht erreicht hat, denkt sich vielleicht: »Aha, das also ist Attraktivität.« Dann erst kann mit diesem Gedanken das Bewusstsein kommen, wie wichtig die Körperhaltung ist und all das, was man ausstrahlt. Denn ohne dieses Bewusstsein würde eine Ernüchterung eintreten und der Betroffene enttäuscht feststellen: »Ich bin doch gar nicht so schön wie erhofft.«

Wir erleben, dass Menschen, die im Leben offenbar alles haben, sich vollkommen wertlos fühlen, ja sogar an Zuständen leiden können, die wir als Erschöpfungssyndrom, Burn-out, Depression, Angst und Panikstörungen bezeichnen. Wir begegnen hier einer Art Widerspruch unserem logischen Verständnis zufolge: So zeigen eben Menschen trotz hoher Bildung und großer materieller Fülle einen Zustand absoluter Leere und beschreiben ein Gefühl völliger Erschöpfung und Wertlosigkeit. Dieser Widerspruch wirft Fragen auf: Worauf lohnt es sich, im Leben zu achten? Sind es wirklich jene Ziele, auf die wir uns konzentrieren möchten, oder geht es eher darum, was wir erleben wollen? Ist es etwa wichtig, einen Job im Spital als Ziel zu haben, oder aber zu lernen, sich mit Medizin zu beschäftigen, neugierig und interessiert zu sein? Denn aus Interesse und Neugierde kann eine Identität als Arzt entstehen. Die Rolle als Arzt wird nicht abgelegt, wenn der weiße Kittel fällt. Auch im Alltag und in der Freizeit bleiben das Interesse und die Neugierde an der Medizin bestehen.

Letztlich dreht sich alles um die Frage: Wie werde ich *Ich*? Wie lerne ich, auf mein Herz und gleichzeitig auf den Verstand zu hören? Wie schaffe ich es, innerhalb bestehender, fester Strukturen Freiheit zu schaffen, die mir ein sinnvolles Leben erlaubt? Dieser Gedanke konzentriert sich heutzutage viel weniger auf das Materielle (Wie erarbeite ich mir, was ich gar nicht so dringend brauche?), sondern vielmehr auf das Beziehungsmäßige. Denn absolute Freiheit wird mit absoluter Einsamkeit gleichgesetzt. Wie schafft man es also, eine sinnvolle Tätigkeit frei ausüben zu können, ohne die Liebe und Beziehungen zu anderen Menschen zu zerstören?

Bedürfnisse, Wünsche, Forderungen und Ideen hängen stark mit der eigenen Persönlichkeitsentwicklung zusammen. Je gefestigter ein Mensch ist, desto geringer die Abhängigkeit von der Zustimmung anderer Menschen, und umso freier werden Entscheidungen getroffen. Der Prozess der Entwicklung der eigenen Persönlichkeit berührt sämtliche Entscheidungen, die man im Leben trifft. Entscheiden ist somit etwas Grundsätzliches und umfasst damit jeden Lebensbereich.

Jeder, der eine Beziehung führen, einen Beruf ausüben, als Künstler, Musiker, Sportler einer Leidenschaft nachgehen möchte, muss lernen, die richtigen Entscheidungen zu treffen. Man muss sich entscheiden, was man mag und was nicht, ob man spricht oder schweigt, ob man gesund oder riskant, ob man Liebe oder Freiheit leben will. Man muss lernen, sich für sich zu entscheiden und gleichzeitig niemand anderem zu schaden. Entscheidungen treffen wir bewusst und unbewusst, und sie betreffen sowohl das Gefühl als auch den Verstand. Sie können für uns Gegensätze bedeuten, die schwer kompatibel sind. Damit stellt sich die Frage: Wem traue ich – dem Herzen oder dem Kopf?

Der Mensch ist ein soziales Wesen und somit von anderen Menschen abhängig. Das führt dazu, dass jeder sein Verhalten an seinen Mitmenschen ausrichtet. Wir entscheiden uns: Zu wem bin ich nett, zu wem ehrlich? Von wem erwarte ich mir Liebe und Zuneigung? Wen meide ich, wem schließe ich mich an? Im Leben geht es also um Beziehungen, um Attraktivität und darum, dass ich mich nicht verstellen muss. Was aber muss ich tun, um so attraktiv zu sein, dass jemand mit mir eine Beziehung eingehen möchte? Und wie müssen sich andere verhalten, anziehen, aussehen, um mir zu gefallen?

So beginnt man zu überlegen, wie man sein, was man tun und haben muss: Beruf, Auto, Muskeln, Höflichkeit, Intelligenz – all das verbinden wir damit, um attraktiv zu sein. Ganz automatisch beginnt man seinen Tag so zu gestalten, damit diese Ziele auch erreicht werden. Im Erreichen des Zieles wird der Sinn eines Jobs gesehen, zum Beispiel: »Wenn ich viel arbeite, verdiene ich so viel, wie ich brauche.« Das bedeutet, dass erst ein bestimmtes Ziel dem menschlichen Verhalten Sinn gibt.

Als Psychologe erlebe ich oftmals, dass Frauen wie Männer versuchen, alles zu tun, um ein Ziel zu erreichen und sich hierdurch einen Sinn zu schaffen. Viele geben für dieses Ziel ihre eigene Meinung, eigene, private Bedürfnisse auf. Doch Sinn und Glück sind unabhängig von Zielen. Aufgrund dieser Zielorientierung vergessen nicht wenige zu fragen: Wie entscheiden wir uns für das Glück im Leben? Wie kann ich das, was mir sinnvoll erscheint, leben?

Der große Unterschied liegt darin, dass das Ziel automatisch mit Glück verbunden wird. Die Frage nach dem Glück klärt viel klarer und deutlicher, sowohl was angenehm und unangenehm ist, als auch, was richtig und was falsch ist. Denkt man an ein Ziel, so hofft man beispielsweise: »Wenn ich verheiratet bin, fühle ich mich sicher bei ihm.« Oder: »Erst wenn ich einen Job habe, fühle ich mich wertvoll.« Oder: »Wenn ich genügend Likes auf Instagram habe, kann ich beruhigt schlafen.« Erst wenn man sich Zeit nimmt, darauf zu achten, wie sich ein Gedanke anfühlt, kann ein Entscheidungsprozess stattfinden, der nicht bedeutet, mehr von einer Sache ist weniger von der anderen. Beispielsweise heißt sich gesund zu ernähren nicht gleichzeitig, sich quälen zu müssen. Was muss man hierfür tun – lange überlegen, sitzen, meditieren, und das neben dem Stress des Alltags? Aus psychologischer Sicht genügt es, dem Credo des Kirchenlehrers Augustinus zu folgen: »Liebe und tue, was du willst.«

Doch wie erkennt man Liebe? Sowohl die Liebe zu einem Menschen als auch die Liebe für einen Beruf, die Wissenschaft, Kunst, Musik? Können wir sie mit dem Verstand erfassen oder ist sie nur ein Gefühl? Kann man sich bei der Entscheidung für die Liebe auf den Verstand oder auf das Gefühl verlassen? Woher weiß man, welche Entscheidung die richtige ist?

Als Psychologe beschäftigt man sich mit diesen Fragen aus zwei Gründen: Erstens glauben wir, dass die Gedanken frei sind und man über alles philosophieren beziehungsweise hinterfragen kann. Die Gedanken sind vielleicht frei, jedoch sind sie mit Gefühlen verbunden. Diese sind nicht frei. Gefühle erleben wir, selbst wenn wir versuchen, sie zu unterdrücken und zu steuern. Hieraus ergibt sich der zweite Grund: Man ist als Psychologe auf einer medizinischen Ebene mit den Gefühlen beschäftigt, die wie eine Krankheit an einem haften können. Als Psychologe fragt man sich also: Wie können Denken und Fühlen eine Einheit bilden? Und wer hat recht, das Herz oder der Kopf? Das Herz steht für die Gefühlsebene, die unkontrollierbare Seite des Menschen; der Kopf symbolisiert die Gedanken, die steuerbar sind. Wir müssen somit der Frage nachgehen, was in der Natur des Menschen liegt und wie wir das fördern können oder zumindest nicht zerstören. In Sachen Liebe ist es klar: das Herz. Aber in allen anderen Angelegenheiten muss auch entschieden werden: Körper oder Verstand?

Es ist demnach wesentlich, sich zu überlegen, was die richtige Entscheidung ist und für wen, denn niemand kann für sich allein entscheiden. Der Umgang vieler Menschen miteinander lässt uns erkennen, dass man sogar aus Liebe seinem Partner in bester Absicht etwas Negatives antun kann, weil man ja zu wissen glaubt, was gut für ihn oder sie ist. Die Entscheidungsfrage, etwas zu tun oder nicht zu tun, zeigt außerdem auf, dass Beziehungen oder die Hoffnung auf Beziehungen ausschlaggebend für Entscheidungen sind. Jede Handlung und jedes Wort betreffen immer auch zumindest einen anderen Menschen. Sogar der vereinsamte Mensch, der sich selbst umbringt, löst etwas aus bei dem, der ihn findet.

Jeder Mensch ist mit dem Ende der Pubertät frei in seinen Entscheidungen. Das bedeutet, er kann sich theoretisch aussuchen, wie er leben will. Es gibt jedoch die Einschränkung, dass ein Mensch zumindest einen anderen braucht. Diese Angewiesenheit auf Liebe beeinflusst jede Entscheidung. Die Frage »Wie will ich leben?« ist verbunden mit dem Bedürfnis »Wie werde ich geliebt?«. Das Gegenteil »Wie werde ich nicht geliebt?« ist leicht zu beantworten und es eröffnet sich sofort eine Vielzahl von Möglichkeiten. Bei der Frage »Wie werde ich liebenswert?« schränkt sich die Freiheit massiv ein und ist heutzutage durch Gepflegt-, Strebsam-, Einfühlsam- und ausreichend Reichsein zu beantworten. Wir wissen, welchen Lebensstil wir führen müssen, um jene Ziele zu erreichen. Wir wissen außerdem, dass dieser Lebensstil mit viel Arbeit verbunden ist und den menschlichen Körper kaputt machen kann. »Sitzen ist das neue Rauchen«, wird die kommende Generation zu sich sagen müssen. Trotzdem tun wir uns das an.

Unterschiedliche Sozialsysteme zeigen alle dieselbe Problematik, nämlich jene, einen Lebensstil zu finden, der als lebenswert bezeichnet werden kann, einen Lebensstil, der nicht auf Kosten eines anderen Menschen geht.

## Wie werde ich *Ich*?

Sich selbst treu zu bleiben, sich nicht verstellen zu müssen, um etwas zu erreichen, heißt, sich für die anderen und für sich entscheiden zu müssen. Doch was bedeutet »für sich«? Goethe beschreibt in seinem Drama »Faust« die Qual der Wahl mit den berühmten Worten: »Zwei Seelen wohnen, ach! in meiner Brust.«

Aus psychologischer Sicht gibt es nur eine Seele, und dieses Dilemma der zwei Seelen kann als Kampf der Vernunft mit dem starken Gefühl des Herzens interpretiert werden. Es ist jedoch die Frage, ob tatsächlich die Entscheidung für einen der beiden Bereiche bedeutet, sich nicht verstellen zu müssen.

Die Überlegung »Wie werde ich *Ich*?« orientiert sich an einer Ahnung, die ein Gefühl und einen Gedanken miteinander vereint. Das Dilemma der zwei Seelen orientiert sich an zwei Gegensätzen, die beide nicht zum Ziel führen werden oder müssen.

Das eigentliche Problem beginnt mit dem Bedürfnis, gemocht zu werden beziehungsweise etwas und jemanden zu mögen. Der Verstand kann mir helfen, mich anzupassen oder mich zu verstellen. Ob es mir aber gelingt, durch mein Verhalten auch tatsächlich gemocht (oder gefürchtet) zu werden, kann ich nur durch ein Gefühl bestätigen lassen. Der Verstand hängt vom Gefühl ab, zumindest in Bezug auf die Bestätigung, ob etwas gut und / oder richtig ist. Gemocht und bestätigt zu werden ist prinzipiell ein angenehmes Gefühl, jedoch muss jeder für sich abklären: Was bin ich bereit, für dieses angenehme Gefühl zu tun oder zu unterlassen? Wenn es um Entscheidungen geht (»Was soll ich tun?«), muss das Gefühl ebenfalls signalisieren, was sich richtig anfühlt, und nicht nur, was angenehm ist. Besonders in einer Beziehung ist es wichtig, hin und wieder das Richtige zu tun, auch wenn es nicht unbedingt angenehm sein sollte.

Entscheide ich mich dafür, *Ich* zu werden, bedeutet es, etwas zu tun oder zu lassen, das entweder neu oder, wenn es von einem Vorbild abgeschaut und nachgemacht ist, anders im Sinne von individuell und eigen ist. Die Bedeutung dieses Satzes liegt auf der Gefühlsebene: Für etwas noch nie Dagewesenes gibt es auch noch keine gefühlsmäßige Erwartung. Man kann sich also nicht für oder gegen etwas entscheiden, das mit der Erwartung, gemocht zu werden, zusammenhängt.

Die Problematik, worauf man hören soll, ist also unmittelbar mit der Entwicklung der eigenen Person verbunden. Sie betrifft nicht nur das Wohl anderer oder die Frage: »Wofür habe ich Verantwortung, woran trage ich Schuld?« Menschen, die es geschafft haben, ganz sie selbst zu werden, erlangen Bewunderung. Doch wofür? Nicht weil sie etwas tun, was andere nicht verstehen, sondern vor allem, weil sie bereits etwas sehen, was andere noch nicht erkennen können. Erst im Nachhinein können Freunde und Bekannte zustimmend erkennen: »Das musste so kommen« oder »Das war gut so«.

»Wie werde ich *Ich*?« bedeutet auch, eine Geradlinigkeit bezüglich seiner Bedürfnisse zu vertreten, kompromisslos hinter dem zu stehen, was man als wertvoll erachtet und was nicht. Es bedeutet gleichzeitig auch, der Entwicklung anderer Menschen nicht im Weg zu stehen. Die eigene Entwicklung ist derart individuell, dass man den anderen und sich selbst so lassen kann, wie man ist. Es besteht jedoch das Risiko der Ablehnung, der Lächerlichkeit, des Neides oder der Scham, anderen Menschen ausgesetzt zu sein. Wie viele Entwicklungsschritte im Leben ist auch das Ich nicht von einer Minute zur anderen ausgeprägt, sondern muss langjährig erahnt und berücksichtigt werden. Solange ich also damit kämpfe, dass ich *Ich* werde, fühle ich mich nicht nur der Kritik anderer ausgesetzt, sondern den anderen gegenüber auch ausgeliefert.

Besonders die Entwicklungsphase der Pubertät zeigt, dass die Entwicklung des Ichs im Widerstand Orientierung sucht. Doch selbst das Gegenteil von etwas macht deutlich, dass es sich dabei noch nicht um etwas Individuelles handelt, sondern bloß um den gelebten Gegensatz des anderen. Kommt beispielsweise die jugendliche Tochter von der Disco nach Hause und erkennt, dass sich ihre Mutter Sorgen macht, kann sie sich durch ihren Disco-Besuch bestätigt und bestärkt fühlen, weil sie endlich etwas macht, womit die Mutter nicht einverstanden ist. Sich frei zu entscheiden, bedeutet für die Tochter aber auch, sich von der Sorge der Mutter nicht unfrei machen zu lassen.

Die Jugendliche muss lernen, ihrer Mutter die Freiheit zu lassen, sich Sorgen machen zu dürfen, worüber auch immer sie möchte. Dann erst kann die Tochter an all jene Möglichkeiten denken, die ein freier Abend so bietet – unabhängig davon, was ihre Mutter gut oder schlecht findet. Eine wirklich freie Entscheidung würde nämlich darin bestehen, nicht immer nur in die Disco zu gehen, weil die Mutter dagegen oder besorgt ist, sondern auch das Theater, die Oper, klassische Konzerte, Sport oder Bibelrunden auszuprobieren. Das Ausprobieren liefert die eigentliche gefühlsmäßige Bestätigung für das rebellische Ich. Wird nicht ausprobiert, sondern sich lediglich für das Gegenteil entschieden, bin ich leider noch nicht *Ich*. Das Ich ist dann nur anders als die Meinung der Mutter.

*Ziel ohne Beruf?*

»Der ist ganz natürlich« – »Die muss sich nicht verstellen« – »Die steht zu sich«: All das sind Beschreibungen für Menschen, die das Ziel der Entwicklung auf unsere Frage »Wie werde ich *Ich*?« erreicht haben. Jenes Ziel kann erreicht werden, unabhängig davon, ob und welchen Beruf man wählt. Dieser Umstand lässt es schwierig erscheinen, jene Entwicklung eines Menschen ebenfalls fördern zu müssen. Menschen, die das erreicht haben, zeigen durch ihre Interessen, ihren Beruf, ihr Verhalten, wie man als gut in die Gesellschaft integriertes Individuum leben kann. Das, was sie tun und wofür sie sich interessieren, wird somit als Möglichkeit betrachtet, das eigene Ich innerhalb der vorgegebenen Grenzen und Beziehungen beziehungsweise frei davon zu entwickeln. Wenn man nachvollzieht, wie es einem Menschen gelingt, das auszudrücken, was er ist, so ist es logisch, ebenfalls auf diese Möglichkeit zurückzugreifen. Man probiert, das zu tun, was das »Vorbild« vorlebt. Nur wenn es wirklich das geeignete Mittel ist, steht man ebenfalls als Vorbild gleichwertig in der Gesellschaft. Gelingt es nicht, ist man einer von vielen. Am Beispiel eines Malers zeigt sich das Nachahmen deutlich: Erst der Maler, der seinen eigenen Stil findet, gilt als Vorbild, selbst wenn er als Schüler eines Malers oder mit Kopien eines anderen begonnen hat. Das Kopieren eines Verhaltens oder eines Stils ist somit nicht schädlich für die Entwicklung des Ichs, reicht jedoch nicht aus. Das eigene Ich muss einen Schritt weiter gehen.

Das Besondere bei der Frage »Wie werde ich *Ich*?« besteht darin, dass ich voll integriert in die Gesellschaft bleibe. Auch ein wirklicher Außenseiter kann von sich behaupten, eine individuelle Entwicklung durchgemacht zu haben, jedoch fehlen hier die Anerkennung und die Wertschätzung seitens der Gesellschaft. Diese Anerkennung und Integration stellen die große Herausforderung und gleichzeitig das Problem der Individualität dar.


## Die Erkennungsmerkmale des Ich-bin-*Ich*

Eines der Grundprobleme bei der klaren Abgrenzung der eigenen Persönlichkeit besteht darin, dass das Ich während der ersten Lebensjahre eine Einheit mit der Mutter und dem Vater bildet. Das Buch »Die Entwicklung des Selbst« von John Sutherland beschreibt aus analytischer Sicht, wie die Beziehung zur Mutter dynamisch verläuft, wie man sich von der Mutter, ihren Meinungen, Werten und Pflichten unterscheiden und befreien kann. Ziel ist es, Beziehungen einzugehen und hierdurch zu erkennen: Wer bin ich und wer ist der andere? Die Abgrenzung von anderen Menschen hat zur Folge, dass man sich innerhalb einer Gesellschaft bewegen kann und als abgegrenzt erlebt wird.

Sich selbst Freiheiten zu nehmen bedeutet, jene Grenzen zu erkennen und für sich selbst infrage zu stellen. Je mehr man die Struktur einer Gesellschaft und deren Grenzen infrage stellt, desto unsicherer wird man sich bewegen können.

Folglich geht es darum, seine eigene Meinung zu vertreten, seine Wünsche und Freiheiten verwirklichen zu können, aber gleichzeitig die vorgegebenen gesellschaftlichen Strukturen nicht verändern zu müssen. Beispielsweise müssen wir Geld verdienen, etwas leisten, arbeiten und hierarchische Strukturen erkennen können. Dies alles infrage zu stellen hieße, die eigene Sicherheit zu riskieren. Vielmehr bleibt zu überlegen: Wie kann man sich innerhalb unserer Gesellschaft entwickeln und die bestehenden Freiheiten nutzen?

Die Überlegung »Entscheide ich mich für das Herz oder den Kopf?« bedeutet, darauf achten zu lernen, was mir der Körper beziehungsweise das Herz tatsächlich sagt. Erzählt eine Person etwas über mich, was mir nicht gefällt, so kann ich darüber nachdenken, welches Gefühl bei welcher Art von Konfrontation oder Erklärung entsteht. Was sagt einem der Körper, wenn man seine eigene Meinung vertritt? Durch logische Argumente kann man versuchen, sich innerhalb von Beziehungen wieder wohlzufühlen, Sicherheit durch Zustimmung und Anerkennung zu erlangen. Dabei hilft uns der Verstand, ein sicheres Gefühl zu erlangen. Gleichzeitig bedeutet dies freilich, an Sicherheit zu verlieren, wenn man beginnt, weniger auf den Verstand zu hören. Die Sicherheit, sich innerhalb einer Gesellschaft zu bewegen, ohne kritisiert oder ausgelacht zu werden, lässt sich aber dadurch her- oder wiederherstellen, indem man sich an der Meinung anderer orientiert. Es ist das Gefühl – und damit Körper und Herz –, das signalisiert: Du musst etwas sagen beziehungsweise tun.

Orientiert man sich nicht an der Gesellschaft, sondern am eigenen Körper, so geben Mimik und Gestik am meisten Auskunft darüber, ob wir uns verstellen im Sinne von »vor anderen kleiner oder größer machen, als wir uns fühlen«. Körperliche Anspannung, vorgezogene Schultern, gesenkter Blick, leise Stimme und das Anhalten des Atems weisen darauf hin, dass man sich vor seinem Gegenüber kleiner macht. Diese Gestik des Kleiner-Machens bedeutet nicht zu sagen, was einem am Herzen liegt. Der Verstand appelliert: Du bist in dieser Gruppe von Menschen sicherer, wenn du deinen Mund hältst.

Das Gegenteil ist auch körperlich erkennbar. Verschränkte Arme, breitbeiniges Stehen, aufrechte Körperhaltung beispielsweise zeigen an, dass man sich vor seinem Gegenüber größer macht. Man erlaubt sich somit, seine eigene Meinung zu vertreten. Fühlt man sich überlegen, bedeutet das, über ausreichend Sicherheit zu verfügen, die eigene Ansicht zu vertreten.

Beide Verhaltensweisen sind gesellschaftlich akzeptiert, beide sind erlaubt, jedoch spiegeln sie nicht die von der Gesellschaft unabhängige, neue, freie, individuelle Meinung wider. Prinzipiell jedoch deuten beide Verhaltensweisen darauf hin, dass man sehr stark an seinen Mitmenschen orientiert ist, sich folglich so verhält, dass man möglichst wenig kritisiert wird. Auch der Umstand, es nicht ertragen oder dabei zusehen zu können, was ein anderer macht, sowie die Intoleranz gegenüber Lebensstilen, die vom eigenen abweichen, zeigen, dass das eigene Ich noch nicht vollständig entwickelt ist. Solange man nicht in der Lage ist, Taten, Werte, Meinungen anderer Personen auszuhalten, zu tolerieren oder gar zu akzeptieren, benötigt das eigene Ich die ausgesprochene Abgrenzung. Akzeptiert man gesellschaftliche Strukturen, so wie sie sind, und nimmt darin seine individuelle Position ein, ist dies auch körperlich sichtbar. Sobald ich *Ich* geworden bin, stellt sich nämlich eine innere Zufriedenheit ein, die nicht alles gut finden muss, was andere so tun oder auch nicht tun. Mir aber hilft es dabei, meine Mitmenschen so sein lassen zu können, wie sie nun mal sind. Dann kann der eigene Körper ruhig und gelassen gegenüber den anderen, aber auch wach und energisch in Bezug auf deren Ideen empfunden werden. Unterdrückt man sich selbst, so tritt das Empfinden entweder in Form einer Erschöpfung und Müdigkeit oder gegenteilig als Zittrigkeit und extreme Unruhe zutage. Auch eine angespannte, kontrollierte Körperhaltung deutet darauf hin, dass noch Entwicklungspotenzial für das eigene Ich vorhanden ist.

Die Frage »Entscheide ich mich für das Herz oder den Kopf?« schließt auch die Forderung mit ein, darauf achten zu lernen, welchen Beitrag der Kopf und der Verstand leisten. Der Verstand hilft mir dabei, mich innerhalb der Gesellschaft zu bewegen. Der Verstand ermöglicht mir, Regeln zu erkennen beziehungsweise solche aufzustellen, und unterstützt mich dabei, innerhalb dieser Regeln und von anderen gemocht zu werden. So wird man allein deswegen gemocht, dass man Regeln und Normen einhält. Beruflich viel zu arbeiten und viel Geld zu verdienen bedeutet auch, von den Nachbarn eine entsprechende Anerkennung dafür zu erhalten. Ist sich der Verstand etwa nicht sicher, ob diese Anerkennung seitens der Umwelt besteht, kann er ein Signal setzen und Aktivitäten veranlassen, die er positiv bewertet: Pflege den Vorgarten, wasche dein Auto, streiche den Zaun neu, vielleicht gefällt das den Nachbarn. Das zeigt, dass der Verstand das logische Schlussfolgern benutzt, um das Angenommen-Werden in einer Gesellschaft mit Sicherheit zu erreichen.

Das Leitmotiv des Verstandes ist Sicherheit. Der Verstand lässt sich aber immer wieder vom Körper dazu verleiten, etwas zu tun, um diese Sicherheit aufzugeben. Möchte ich mir etwa ein Auto kaufen, das mein Budget übersteigt, mir jedoch das Gefühl Gründe auflistet, die den Kauf rechtfertigen (»die Sicherheit des Autos, die Anerkennung durch andere, das tolle Fahrgefühl …«)

und wertvoller sind als die logische Argumentation der Sicherheit, entscheide ich mich letztlich für das Gefühl. Wichtig ist auch, bei den Entscheidungen des Verstandes eine Individualität zu entwickeln. Das heißt, mehr für sich zu denken und weniger daran, wie andere Menschen dies bewerten oder sehen können.

Die Gedanken eines Ich-entwickelten Menschen fühlen sich angenehm, geordnet und locker an. So eine Persönlichkeit strahlt Klarheit und Zielstrebigkeit aus. Menschen, mit denen man sich umgibt, werden nicht als Feinde oder potenzielle Gefahr erlebt. Man stellt lediglich fest, dass die Mitmenschen in der näheren oder weiteren Umgebung noch nicht oder schon nachvollziehen können, wie man selbst ist. Ablehnende Haltungen anderer oder auch Missverständnisse spürt man in Form von Unruhe, Ungeduld oder Abwertung durch diese Personen. Der in seinem Ich gefestigte Mensch muss sich nicht dagegen wehren, kann diese Werte aushalten und zulassen – diese gegebenenfalls als »Schade« interpretieren: Der Gedanke »Schade, dass der / die anders ist als ich« ermöglicht mir, dass ich mich nicht gegen den Widerstand eines anderen wehren muss.

Menschen, die noch stark an ihrer Umwelt orientiert sind und sich deswegen »unterdrücken«, haben oft ein und dieselben Gedanken. Stundenlang werden Situationen überlegt, durchgespielt, und es besteht beinahe eine Art Grübelhaltung. Diese Gedanken wirken schwer, wie benebelt mit weniger Klarheit. Spricht man mit jemandem, der diese Art von Sorgen hat, so wirkt jene Person wie abgelenkt beziehungsweise so, als würde sie an etwas anderes denken. Die Schuld für diese Schwere und erschöpfende Situation wird leicht anderen Menschen zugeschrieben.

Die Frage »Entscheide ich mich für das Herz oder den Kopf?« heißt aber auch: Wie treffe ich meine eigene Entscheidung? Wie lasse ich mich nicht manipulieren oder beeinflussen? Die Antwort hierauf lautet: Wie spreche ich mir selbst aus der Seele? Die Seele als das antreibende Element in uns Menschen verwendet den Verstand und das Gefühl, um eine Ahnung davon zu bekommen, was man tun könnte, wie man innerhalb einer Gesellschaft, die fixe Regeln vorgibt, sich seine eigene große Freiheit erarbeitet. Auf seine seelischen Bedürfnisse zu achten bedeutet gleichzeitig, Herzenswünsche und verstandesmäßige Warnungen in ein Verhalten einbauen zu können. Das seelische Bedürfnis nach Freiheit auf der einen und gleichzeitig nach Zugehörigkeit und Akzeptanz auf der anderen Seite mag wie ein Widerspruch in sich wirken. Dieser Eindruck entsteht, weil das Gefühl signalisieren kann: »Das könnte ich mich trauen.« Zugleich kann das Risiko empfunden werden, die Zustimmung seitens der Familie oder von Freunden zu verlieren. Das Gefühl der körperlichen Leichtigkeit bei gleichzeitiger Empfindung, aus der eigenen Komfortzone herauszutreten und etwas zu riskieren, ohne dabei anderen Menschen zu schaden, wird hier als Leitfaden der Seele bezeichnet. Es darf jedoch nicht darauf vergessen werden, dem eigenen Verstand mitzuteilen, sich selbst zu sagen: Dem anderen zu schaden heißt nicht, ihm nicht wehzutun. Allein die Tatsache, sich etwas zu trauen, kann anderen Menschen emotional wehtun.

Die Leidenschaft gilt hierbei als Energiequelle, sich dafür zu entscheiden, was man als richtig empfindet. Dies bedeutet, entweder eine Beziehung mit einer Person ein- oder einer Aktivität nachzugehen, die man als sinnvoll erachtet. Der Erfolg ist in der Sinnhaftigkeit zu messen, aber nicht daran, ob andere Menschen das mögen oder wie viel Geld sie verdienen.

*Freiheit – nicht Frechheit*

Sich bestimmte Freiheiten herauszunehmen, sich zu entwickeln, wirft stets die Frage auf: Tue ich das Richtige oder ist das böse? Folgt man dem Konzept der Seele, so wird hier explizit darauf hingewiesen, dass diese in jedem Menschen gut ist. Die Seele hat die Aufgabe, die Identität eines Menschen anhand von Handlungen und Worten zu zeigen. Ob jene gut sind, kann sie nur anhand des Gefühls oder Verstandes erkennen. Die menschliche Seele ist jedoch auf Bestätigung angewiesen, folglich muss sie als gut erkannt und bestätigt werden. In dieser Tatsache liegt die große Verführung des Verstandes. Er erklärt logisch, was gut ist und was nicht. Das Gute erkennt der Verstand in unserer Gesellschaft anhand von Werten wie Erfolg, Geld, Ruhm, Macht, Gesundheit, Sportlichkeit, Schönheit, Geschicklichkeit etc. Für den Verstand bedeutet das, dass jedes Verhalten, welches mit jenen Werten in Verbindung gebracht wird, dazu führt, in der Gesellschaft integriert leben zu können. Deswegen appelliert der Verstand an das menschliche Individuum, jene Werte zu erreichen. Gilt es als wertvoll, innerhalb der Gesellschaft auch Freiheiten und Risikobereitschaft zu zeigen, so findet der Verstand Möglichkeiten, diese Werte in dem gesellschaftlichen Umfeld zu zeigen. Kann es beispielsweise als Freiheit empfunden werden, laut Musik zu hören, so wird dies getan, selbst wenn einem der Verstand signalisiert, dass man unter Umständen einen Gehörsturz riskiert. Solches Verhalten lässt Freiheit auch als Freiheit empfinden. Es werden Glückshormone ausgeschüttet, sobald man diese Freiheit auslebt. Solange das seelische Bedürfnis, erkannt zu werden, erfüllt wird, besteht man auf der gesundheitsgefährdenden Verhaltensweise. Erst wenn die Sinnhaftigkeit, sich anderen so zu zeigen, fehlt, kann sie aufgegeben werden. Ein neues Verhalten muss gesucht werden.

Sollte die Entwicklung des Ichs nicht zum Erfolg, sondern immer wieder zu scheiternden Versuchen führen, lässt sich das Ziel der Individualität selbst dann erreichen, wenn man das Wohl anderer Menschen außer Acht lässt. Das große Problem bei der Frage nach Gut und Böse liegt bei dem Grad an

Mitgefühl. Bewerten Menschen in meinem Umfeld alle meine Entwicklungsversuche negativ, werde ich lächerlich gemacht, beschämt oder erniedrigt, so kann das Mitgefühl leicht verloren gehen. Menschen, die niemanden haben, die die Liebe nicht finden, können ihr Ich entwickeln, ohne darauf zu achten, ob die Gesellschaft darunter leidet. Es ist somit für die Seele sicher auch verführerisch, Individualität zu erlangen, selbst wenn Menschen leiden müssen. Nur das Gute lässt andere Menschen so sein, wie sie sind. Hannah Arendt beschreibt das Böse als banal – nicht aktiv zerstörerisch oder hassend, sondern lediglich als banal, den anderen Menschen nicht sehend. Dieser Interpretation ist aus psychologischer Sicht zuzustimmen, denn der Sinn dieser Entwicklung der Individualität liegt ja darin, als jener erkannt zu werden, der man ist. Gelingt das nicht mit Mitgefühl und in die Gesellschaft integriert, wird die Empathie ausgeschaltet. Infolgedessen werden andere Menschen nicht mehr »gesehen« und damit deren Leid banal.

## Aha, das bin ich!

Die richtige Entscheidung zwischen dem Herzen oder dem Kopf zu treffen bedeutet, zu erkennen, was man mag, was man kann und was man soll. Demgegenüber wissen wir, dass es viele Dinge im Leben gibt, die wir tun müssen, um integriert leben zu können. Diese sozialen Pflichten, jene Notwendigkeiten, die sich im Leben ergeben, müssen wir erkennen und akzeptieren. Ab wann bin ich Teil einer Gruppe? Ab wann nimmt mich eine Freundschaft in die Pflicht? Ab wann ist es richtig, für sich selbst zu entscheiden: Ich bin Teil der Gruppe oder einer Partnerschaft, auch ohne mich davon unter Druck setzen zu lassen? Die eigenen Bedürfnisse und Grenzen werden viel deutlicher und präziser erkannt, wenn sie sich von den unsichtbaren sozialen Anforderungen einer Gruppe auffallend unterscheiden. Wesentlich ist zu erkennen: »Aha, das bin ich«, und dabei trotzdem die Anforderungen einer Freundschaft zu sehen, ohne sich hiervon stressen zu lassen. Aha, das bin ich – und dennoch bin ich Teil einer Gruppe, ungeachtet dessen bin ich ein guter Freund … selbst wenn ich nicht von all jenen Menschen, welche der Gruppe ebenfalls angehören, als dazupassend erkannt werde. Auch das Abwerten anderer kann dazu dienen, um mit dem eigenen Ich besser zurechtzukommen. Statt sich selbst unter Druck zu setzen, kann jemand über Kollegen oder Freunde schimpfen, um sich selbst vor der Angst zu schützen, nicht dazuzugehören.

*Ein Beispiel aus meiner Praxis: Die überarbeitete Juristin*

*Eine 42-jährige Juristin, die seit über zehn Jahren in einer Anwaltskanzlei arbeitet, kommt zur psychologischen Beratung. Sie wird von ihrem plastischen Chirurgen geschickt, weil sie sich zum zweiten Mal ihre Brüste vergrößern lassen will, obwohl diese nach Meinung des Chirurgen bereits ausreichend groß sind. Aus medizinischer Sicht bestehen keine Krankheiten. Da die Juristin jedoch subjektiv über starke Müdigkeit und hohen Stress klagt, vor allem aber bedauert, so gut wie keine Freizeit zu haben, hat man sie zu mir geschickt, um den Fall klinisch-psychologisch abzuklären.*

*Im Gespräch beschreibt die Patientin eine starke körperliche und psychische Müdigkeit aufgrund der Tatsache, dass sie sehr viel arbeiten müsse. Ihrer Schilderung zufolge hat sie eine exzellente Karriere durchlaufen, die ihr gute Verdienstmöglichkeiten und finanzielle Sicherheit bietet, jedoch den Preis hat, viele an-*

*dere Lebensbereiche nicht ausleben zu können. Darum gehe sie kaum ins Theater oder Kino, habe wenig soziale, außerberufliche Kontakte, fahre einmal im Jahr auf Urlaub und lebe mit einem Mann, der ebenfalls viel arbeiten müsse. Sie beschreibt eine gute Beziehung mit ihrem Mann. Auf die Frage, weshalb sie denn eine Vergrößerung ihrer Brust wünsche, meint sie, sie wäre mit ihrem Körper nicht sehr zufrieden. Sie hätte keine Zeit für Sport oder für andere Dinge, die ihrem Körper guttäten. Die Vergrößerung der Brust würde sie für sich selbst machen.*

*Die psychologischen Gespräche verdeutlichen, dass die Identität der Juristin hauptsächlich durch ihren Beruf geprägt ist. Das zunehmende Alter sieht sie als einen Grund an, weshalb sie mit ihrem Körper nicht zufrieden sein könne. Sie betont jedoch, dass sie wahrscheinlich deshalb älter aussehe, weil sie in der Arbeit viel Stress habe. Sie frage sich, wie andere Kollegen die Arbeit einfach liegen lassen könnten, um sich mit ihrem Partner zu treffen, wo doch jeder seinen Beitrag leisten müsse. Schon nach wenigen Sitzungen drehen sich die Gespräche nur mehr um den Gedanken, wofür sie ihren Körper überhaupt gebrauchen wolle. Auf die Frage, ob sie ihre Lebenszeit komplett in Arbeit umwandeln möchte oder ob es noch andere Ziele im Leben gebe, listet sie eine Reihe von Träumen, Hoffnungen und unerfüllten Wünschen auf.*

*Schließlich kann ich der Dame den Befund mitgeben, dass bei ihr aus psychologischer Sicht keine Krankheit besteht und somit nichts gegen den Eingriff einer Brustvergrößerung spreche. Sie entscheidet sich jedoch dafür, diese nicht vornehmen zu lassen, sondern andere Dinge in ihrem Leben zu ändern. Für den Sinneswandel mitentscheidend ist vor allem auch der Vergleich mit Kollegen, die ihr leistungsorientiertes Wesen zuvor abgelehnt haben, und die daraus resultierende Erkenntnis: »Aha, ich muss auch nicht immer nur arbeiten, denn ich bin viel mehr als eine Arbeitsbiene.«*

An anderen Menschen erkennen wir also sehr gut, ob diese etwas akzeptieren oder ablehnen. Wir ersehen auch, wie sie innerhalb derselben Struktur darin zurechtkommen oder daran scheitern. Betrachtet man jene Struktur, also etwa die Tatsache, dass wir arbeiten müssen, nicht nur als Notwendigkeit, sondern auch als richtig und wichtig, so entwickeln wir gegenüber Menschen, die ihren Job nur acht Stunden täglich erledigen, eine Abneigung. Doch wo liegt die Grenze zwischen Müssen und Wollen? Gibt es also eine sozial tolerierte Anzahl von Überstunden, und wie gehen die Kollegen damit um, wenn diese Anzahl an Überstunden unter- oder überschritten wird? Nicht geleistete Überstunden werden dann als Ablehnung einer Notwendigkeit interpretiert und zu viel geleistete durch Äußerungen wie »Der möchte zeigen, was er kann« oder »Der hat eine schlechte Zeiteinteilung« abgewertet. Geht es um eigene Interessen, Fähigkeiten oder Vorlieben, so ist die eigene Bewertung von Notwendigkeiten und Strukturen ebenfalls mit beteiligt, obwohl diese nur Möglichkeiten und Rahmenbedingungen bieten, innerhalb derer wir uns entwickeln können. Das heißt, wir möchten lediglich Dinge beherrschen oder Eigenschaften besitzen, die wir mögen. Vorgegebene Strukturen zu akzeptieren bedeutet auch, sich die Freiheit zu nehmen, Dinge oder Eigenschaften zu mögen, die wir einfach tun müssen und können.

Eine gesellschaftliche Struktur zu erkennen bedeutet nicht nur, die Pflicht zu akzeptieren, arbeiten gehen zu müssen – das geht viel weiter. Es betrifft auch die Frage, wie wir uns anziehen, mit wem wir uns vor anderen Menschen zeigen und unter Umständen auch, wen wir heiraten. Auch die Entwicklung des Ichs bedeutet also, die eigenen Werte völlig neu zu überdenken. Beispielhaft kann die sexuelle Orientierung erwähnt werden. Auch in meiner Praxis gibt es Männer, die erzählen, dass manche sehr früh, manche erst mit 30 oder 40 Jahren ihr

Coming-out als Homosexuelle hatten. Viele von ihnen sind konservativ erzogen worden und beschreiben, dass es für sie selbst eine Überwindung war, sich dem Wunsch nach einem Mann hinzugeben und die gesellschaftliche Bewertung nicht mehr als Hindernis zu nehmen. Nicht, dass die gesellschaftliche Bewertung schlecht sei, bloß ungenügend und in der eigenen Entwicklung hemmend. Dieser Gedanke brauchte Zeit, um zugelassen werden zu können. Drängt man Menschen zu früh in etwas, was nicht zugelassen werden kann, wird man lediglich mit deren Abwehr »bestraft«. Die Einsicht »Aha, das bin ich, das muss ich tun!« hängt also auch mit dem eigenen Verstand zusammen. Ob ich mich von meinen Freunden zurückziehe oder deren Nähe suche, wird wesentlich davon beeinflusst, ob ich überhaupt so werden will, wie ich wirklich bin.

## Die Motivation, sich zu entwickeln

Über genügend Geld zu verfügen sowie ausreichend Liebe zu erlangen, sollte doch genügen, um ein zufriedenes und entspanntes Leben führen zu können. Woher kommen die körperlichen Spannungen und das Gefühl der Unzufriedenheit, wenn man genau so lebt, wie einem der Verstand das vorgibt oder wie das Gefühl einem diktiert? Selbst wenn ich mir kaufe, was ich will, wieso bin ich dann immer noch nicht ausgeglichen, zufrieden oder im übertragenen Sinne satt? Es zeigt sich hier, dass das eigentliche Problem nicht in den Überlegungen »Was will ich?« beziehungsweise »Was fühle ich eigentlich?« steckt. Vielmehr geht es um eine grundlegendere Frage: Wieso muss man sich überhaupt eine Persönlichkeit oder eine Identität aufbauen? Wieso genügt es uns nicht, harmonisch miteinander leben zu können?

Denkt man an eine Partnerschaft, so weiß man bereits nach wenigen Monaten genau, was der Partner möchte, was er nicht möchte, was ihm guttut und was ihm schadet. Es müsste doch genügen, sich einfach am Partner zu orientieren und die Harmonie genießen zu können. Wer diese Meinung vertritt, muss sich freilich fragen, weshalb die Sklaverei nicht funktioniert hat. – Erst wer glaubt, alles zu haben, was man braucht, erkennt, dass das Bedürfnis nach Freiheit nicht heißt, tun und lassen zu können, was man möchte, sondern vor allem der zu sein, der man ist. Innerhalb eines Freundeskreises bedeutet das, alles sagen zu können, was man möchte, ohne Sanktionen fürchten zu müssen, also gemieden oder gar ausgeschlossen zu werden.

Die Notwendigkeit, sich zu entwickeln, entsteht somit aus all dem, was ich sagen möchte, aber nicht sagen kann. Oder aus all den Leidenschaften, die ich erleben möchte, aber nicht erleben kann. Das Erleben von Grenzen kann zu körperlichen Spannungen führen, die uns motivieren, uns zu ändern. Diese Entwicklung um jene Grenzen ist aus psychologischer Sicht nicht an eine Gruppe von Menschen, an eine Gesellschaftsschicht oder an eine Altersklasse gebunden. Ausgenommen sind hiervon Jugendliche in der Pubertät. In jener schwierigen Phase, die auch als eine identitätprägende und -bildende Zeit gilt, ist die Integration und damit die Akzeptanz oder Ablehnung stets ein Thema. Spannungen in dieser Altersgruppe gelten als normal und müssen nicht als Motivation angesehen werden, sich anpassen zu müssen.

Aus psychologischer Sicht haben wir nicht die Freiheit, der zu werden, der wir sind, sondern der Körper fordert jene Entwicklung ein. Diese Forderung spüren wir als jegliche Form von körperlichen Spannungen, die gefühlsmäßig erlebt werden als Unzufriedenheit, Ärger, Trauer, Wut, Sehnsucht, Eifersucht etc. Leider bieten uns Partner, Kinder, Eltern oder Freunde sehr rasch die Möglichkeit, zu glauben, dass diese Unzufriedenheit mit diesen beziehungsweise anderen Menschen zusammenhängt und weniger mit einem selbst. Wir denken also: »Der ist schuld, dass ich so bin« – »Die ist schuld, dass es mir so geht«. Und kommen nicht gleich auf die Idee, daran zu denken, inwieweit die eigenen Erwartungen oder Befürchtungen diese Unzufriedenheit erzeugen.

Die Unzufriedenheit erleben wir als Spannung im Körper, die wir in Form von Streit mit anderen Menschen, aber auch durch Sport, Musik, Sex, Drogen, Essen, Beten und Meditieren auflösen können. Jedes Verhalten, das zu einer Lösung der Spannung führt, ist jedoch nur von kurzer Dauer, wenn man auf die Entstehungsursachen der Spannung vergisst oder sich dieser nicht bewusst ist. Bereits die nächste falsche Verhaltensweise des Partners oder Freundes zeigt erneut, dass man mit sich selbst nicht zufrieden ist: Wiederum entstehen Spannungen. Doch auch da bietet sich der Partner als »würdiger Schuldiger« an. Finden wir keinen Schuldigen, den wir für unsere Spannungen verantwortlich machen können, so bleibt immer noch Gott in letzter Instanz als derjenige, der mein Unglück als mein Schicksal definiert. Betrachtet man die Lehren der Kirche genauer, so finden wir im Neuen Testament keinen Grund, weshalb Gott uns mit einem Unglück auf die Probe stellt. Im Gegensatz hierzu sei beispielhaft das Buch Hiob erwähnt. Hier wettet Gott mit dem Teufel, ob der Glaube an den Allmächtigen auch dann noch besteht, wenn der Mensch mit schwerem Schicksal bestraft wird.

Die beinahe harmlos wirkende Schlussfolgerung dieser Gedanken (»Unzufriedenheit zeigt, dass ich nicht *Ich* bin«) hat eine weitreichende Folge. »Zu anderen Menschen bin ich nämlich nur dann gemein, intolerant, gewalttätig, sexualisierend und anderweitig übergriffig, wenn ich mit mir selbst nicht im Reinen bin.« Das bedeutet: »Ich mache nicht, was ich machen möchte, sondern ich glaube, dass andere Menschen mich ablehnen, wenn ich tue, was ich will.« Diese Entscheidung zwischen dem Herzen und dem Kopf führt schon bei Kleinigkeiten zu massiver Unzufriedenheit. Wird man beispielsweise von einer Gruppe eingeladen, deren Mitglieder alle sehr elegant und teuer angezogen sind, und man trägt als Einziger eine schmutzige, alte Hose sowie die Socken von gestern, so führt dieser Umstand möglicherweise dazu, dass man sich angespannt fühlt. Nicht, weil man nicht man selbst ist, sondern weil man vielleicht sich wie alle anderen auch einmal elegant anziehen möchte. Möchte, nicht muss, ist hier entscheidend. Möchte man nämlich nur, so gelingt es einem, auch in der alten Hose einen wirklich netten Abend mit Freunden zu verbringen. Denkt man freilich, man müsse so angezogen sein wie die anderen in der Gruppe, führt diese Stimmung der Unzufriedenheit nicht zu einem Bedauern (»Schade, ich wäre auch gern elegant«), sondern zu Intoleranz, Ärger, Frust, Aggression und eventuell sogar zu erhöhtem Alkohol- oder Schokoladekonsum.

»Herz oder Kopf?« entscheidet nicht nur, was richtig und was falsch ist, sondern auch darüber, was ein Mensch erkennen und spüren möchte. Es ist also nicht selbstverständlich, darüber nachzudenken, ob man zufrieden ist oder nicht, ob man sich verstellt oder nicht. Die meisten Verhaltensweisen werden automatisch durchgeführt, ohne drei Mal nachzudenken, wie sich etwas anfühlt. Es ist somit notwendig, sich zu überlegen: Woher kann ich erkennen, dass ich das Richtige tue? Muss ich erst krank werden, unter Herzrasen, Angst- und Panikzuständen leiden oder darauf warten, dass mich meine Frau zum Psychologen schickt? Nein. Man kann selbst auch erkennen, ob man Teile seines Wesens unterdrückt oder ob es einem gut geht. Aus psychologischer Sicht funktioniert es relativ einfach, sich selbst zu beobachten. Dazu kann man sich etwa folgende Fragen stellen:

- Passiert das, was ich möchte, oder muss ich alles selbst organisieren und kontrollieren?
- Gehe ich gerne zur Arbeit und freue ich mich, dass ich in nächster Zeit beschäftigt bin, weil wirklich viel Arbeit auf mich wartet?
- Bekomme ich so viel Liebe, wie ich will, oder muss ich meine/n Partner/in ständig zum Kuscheln oder Sex überreden?

Beantwortet man einen Teil dieser Fragen mit Nein, ist davon auszugehen, dass man eine Unzufriedenheit in sich trägt und diese mit anderen Menschen teilt. Ein Beispiel soll das illustrieren: Als Skifahrer ist man es gewohnt, zur gebuchten und vorbestellten Zeit Ski fahren zu können. Man fragt gar nicht mehr, woher der Schnee kommt, sondern als Konsument weiß man, der Kunde ist König und die moderne Technologie erlaubt den Bewohnern von Skiregionen, aus deren Grundwasser künstlich Schnee zu erzeugen. Mit diesem Wissen wurde den Bewohnern von Skiregionen die Verantwortung für das Wohlbefinden von Gästen gegeben. Die Verantwortung ist somit von den göttlichen Naturgewalten zu den menschlichen Taten gewandert. Wir haben gelernt, dass es sich nicht lohnt, darüber nachzudenken, wie Dinge entstehen und ob etwas verfügbar ist, denn wir wissen, dass derjenige, der verantwortlich ist, dafür auch seine Pflicht tun muss.

Ob jemand unzufrieden ist, erkennt man auch anhand von Aussagen, die man sich nur denkt oder aber dem anderen vorwirft: »Hierher komme ich nie wieder«, »Was die sich erlauben«, »Ich zahle dafür, das gehört sich nicht« etc. Hier zeigt sich, wem die Verantwortung für ein Gefühl gegeben wird. Der ausgeglichene, freie und zufriedene Mensch denkt dies nicht. Er antwortet den Bewohnern eines Skiortes zum Beispiel: »Heute gibt es keinen Schnee, weil das Wetter anders als erhofft war« – ohne schlechtes Gewissen, ohne Ärger, Scham oder Angst.

Diese banal wirkenden Aussagen zeigen deutlich, dass jemand ein wirklich großes Problem hat aufgrund der Diskrepanz zwischen dem, was er denkt, und dem, was er fühlt, wenn er nicht ausdrückt, was in ihm vorgeht. Wer nicht (aus)leben kann, was er denkt, hat es nötig, andere Menschen schlechtzumachen und Schuldige zu suchen. Das bedeutet auch nicht, sich selbst schlechtmachen zu müssen und sich selbst die Schuld für das eigene Unglück zu geben. Es zeigt jedoch ganz klar, dass man noch nicht gelernt hat, Verantwortung für den individuellen Sinn des Lebens genommen zu haben. Es ist gar nicht nötig, sich dafür auch noch die Schuld zu geben und sich hierdurch doppelt zu bestrafen. Die Folge der vergessenen Verantwortung ist ohnehin die Unzufriedenheit, ob mit sich oder anderen.

*Ein Beispiel aus meiner Praxis: Die sensible Frau Ilse F.*

*Aufgrund von starken Rückenschmerzen kommt Ilse F. zur psychologischen Beratung. Frau F. ist mittleren Alters und alleinstehend. Sie erscheint fünf Minuten zu früh zu ihrem Termin und trifft auf meine Assistentin, die ihr die Türe öffnet. Meine Mitarbeiterin zeigt der Dame, wo sie einstweilen Platz nehmen kann, um zu warten, und geht anschließend zu ihrem Computer zurück. Die Patientin klagt bereits im Wartebereich über Schmerzen, sie bittet um etwas zu trinken und signalisiert der Assistentin, ein Gespräch beginnen zu wollen. Die Assistentin gibt ihr ein Glas Wasser, setzt sich jedoch anschließend wieder an ihren Arbeitsplatz, ohne auf den Gesprächswunsch einzugehen. Dabei blickt sie jedoch nicht auf den Bildschirm des Computers, sondern auf ihr Handy.*

*Als Frau F. zu mir kommt, merkt sie an, es passiere ihr öfter, dass sich Menschen ihr gegenüber respektlos verhielten. Sie meint hier auch, dass das Verhalten der Assistentin respektlos gewesen sei. Aufgrund der Tatsache, dass ich meine Assistentin gut kenne und sie selbst als sehr einfühlsame Person erlebe, ziehe ich die Aussage der Dame in Zweifel. Ich könne mir nicht vorstellen, dass das Verhalten meiner Mitarbeiterin respektlos gewesen sein soll. Trotzdem entschuldige ich mich für das Verhalten meiner Gehilfin. Daraufhin entbrennt eine Diskussion, bei der die Patientin aufzählt, wie viel in ihrem Leben in letzter Zeit schiefgegangen wäre. Ich biete den Anschuldigungen keinen Widerstand, und nach mehreren Argumentationen meint die Dame: »Wenn mit meinem Mann alles gut gegangen wäre, würde ich es wahrscheinlich anders sehen. Doch seit der Trennung bin ich sehr anfällig dafür, wie man mich behandelt.«*

Aus psychologischer Sicht ist hier erkennbar, dass die Unzufriedenheit mit anderen zwar durch Mitmenschen ausgelöst wird, aber die Toleranz mit anderen Menschen sehr stark davon abhängt, wie es einem selbst geht.

## Ändern – aber wie?

Die Entscheidung »Herz oder Kopf?«, also darauf zu hören, was man denkt oder was man fühlt, beginnt damit, die Unzufriedenheit zu analysieren. Stellt man fest, dass die Unzufriedenheit daraus entsteht, weil man zu viel Stress oder zu wenig Sex beziehungsweise Geld hat, so beginnt der Verstand Lösungen vorzuschlagen, wie dieses Defizit ausgeglichen werden kann.

Bei zu wenig Geld lautet die logische Lösung: mehr Arbeit, bei zu wenig Sex die naheliegende Überlegung: Vielleicht habe ich den falschen Partner?

Das Problem, das in diesen Lösungen des Verstandes liegt, besteht darin, dass man die Möglichkeiten innerhalb der gesellschaftlichen Strukturen sucht und sich keine Freiheit schafft, die einem etwas Neues bietet. Für eine Partnerschaft bedeutet das, den Inhalt des Erlebens zu ändern und so mehr Lebenslust zu erlangen und nicht einfach eine/n neue/n Partner/in zu wählen. Die Frage nach der Ursache der Unzufriedenheit kann durch den scheinbaren Ausgleich eines Mangels nicht gelöst werden. Tatsächlich entstehen eine Spannung und eine Unzufriedenheit, sobald etwas fehlt. Eine innere Zufriedenheit mit dem, was man hat, kann erst eintreten, wenn man mit sich selbst zufrieden ist. Was ist damit gemeint?

Folgt man dem Fraberger'schen Konzept von Seele, so hat diese die Aufgabe, dem menschlichen Leben Sinn zu verleihen. Bei jenem Ansatz wird davon ausgegangen, dass die Seele, der Kern des Menschen, immer gut ist und uns ausmacht. Die Seele, die untrennbar mit dem Körper und dem Verstand verbunden ist, muss eine Möglichkeit finden, sich anderen Menschen zu zeigen und dafür Anerkennung zu erlangen. Dies gelingt durch Arbeit, Hilfe, Kunst, Sport, Wissenschaft oder in Form von beängstigender Anerkennung auch durch Drohung, Verbrechen und andere unterdrückende Taten. Orientiert man sich nun ausschließlich an seinen Mitmenschen, so entsteht tatsächlich Harmonie, aber es wird lediglich eine Person erkannt, nämlich die andere – jene, an der man sich orientiert. An einer Beziehung dargestellt, heißt das: Tut ein Mann immer nur das, was seine Frau möchte, wird er von ihr bestätigt. Es entsteht so der Eindruck von Harmonie. Kommt der Mann mit der Zeit nicht auf die Idee, auch eigene Interessen zu vertreten und sie mit seiner Frau zu diskutieren, wird ihm seine Beziehung ungenügend erscheinen. Dieses Problem besteht besonders in Fällen, wo die Frau / Partnerin die Interessen des Mannes / Partners mit ihm nicht teilen kann und ihm mitteilt: »Besprich deine Interessen bitte mit jemand anderem. Für Autos kann ich mich nicht begeistern.« Mit der Zeit wird es daher notwendig sein, auch Bestätigung von anderen Menschen wie Arbeitskollegen oder Interessengemeinschaften zu erfahren, sollte sich die Ehefrau weiterhin dem Wunsch des Gatten verschließen, seine Interessen zu teilen. Die Beziehung würde allmählich unharmonisch werden.

*Ein Beispiel aus meiner Praxis: Fehlendes Interesse in der Ehe*

*Der Gärtner Hubert U., 52 Jahre alt, sucht bei mir psychologischen Rat, nachdem er eine Affäre mit einer jungen Kundin gehabt hat und nun seine über 20-jährige Ehe retten will. Er kommt zunächst allein und anschließend mit seiner Frau. Die Affäre war kurzfristig und ist bereits seit Langem beendet. Die Analyse der Beziehung ergibt, dass zwischen den Verheirateten eine sehr enge und schöne Ehe bestanden, dass der Mann seine Frau über alles geliebt hat. Sie sagt, dass ihr Gatte Hubert – im Unterschied zu anderen Männern – sich im Haushalt und Garten beteiligt, sich um das einzige Kind gekümmert und er kaum Streit mit ihr angefangen habe. Umso weniger kann sie verstehen, weshalb er unzufrieden gewesen sei und sie betrogen habe. Eine intensivere Betrachtung der Situation zeigt, dass die Ehefrau sich weder für Huberts Hobbys noch für dessen Arbeitsleben interessiert. So erklärt sie beispielsweise: »Ja, ich bin so ehrlich, dass ich ihm sage, mit ihm über nichts zu reden, das mich überhaupt nicht interessiert. Dazu zählen leider sein Beruf und die Hobbys mit seinen Freunden.« Zu dieser Ehrlichkeit stehe sie und finde sie gut. Erst zwei Sitzungen später berichtet sie, ihr sei aufgefallen, dass sie aufgrund dieser Ehrlichkeit immer weniger Gesprächsthemen am Abend gehabt hätten.*

*Ihr Mann, der Gärtner, macht ähnliche Gründe geltend. Letzten Endes habe der Umstand, dass sie kaum noch miteinander geredet hätten, dazu geführt, eine Beziehung mit dieser Kundin anzufangen. Voller Freude berichtet Herr U., wie nett die Gespräche mit der Geliebten gewesen seien. Er habe nicht ihre körperliche Nähe gesucht, aber mit der Zeit auch nach seiner Arbeit abends das Bedürfnis verspürt, mit jener Frau zu reden. Hätte er gewusst, dass sie eine enge Beziehung mit ihm möchte, hätte er gar nicht erst begonnen, mit ihr zu reden, berichtet er.*

*Gemeinsam beschließen die Eheleute, ein Interesse dafür zu entwickeln, was der andere tagsüber tut. Auf diese Weise sollen beide lernen, einander gegenseitig zu verstehen und nicht nur in Harmonie miteinander auszukommen. Soweit mir bekannt ist, erleben beide seither mehr Streitigkeiten, aber auch mehr Nähe und mehr Gemeinsamkeiten.*

Das Empfinden von Harmonie allein gibt dem Leben noch keinen Sinn. Dieser wird erst dann empfunden, wenn entweder der Eindruck entsteht, man werde als der erkannt, der man ist, oder man schaffe es, sich anderen Menschen durch Wissenschaft, Kunst, Leistung und Leid erkennen zu geben. Die ungeklärte Problematik hierbei besteht darin, dass zwischen Gut und Böse in der Sinnempfindung kein Unterschied mehr gemacht werden kann. Das bedeutet, dass das Erkennen und das Erkannt-Werden motivieren und Energie geben, unabhängig davon, ob man etwas Gutes oder etwas Böses tut.

Im Beispiel des Gärtners, der seine Frau betrogen hat, stand das Erkannt-Werden in intensiven Gesprächen im Vordergrund, nicht das hinterhältige Betrügen seiner Ehefrau. Die Unzufriedenheit im Körper, erkannt oder unerkannt beziehungsweise bewusst oder unbewusst, kann durch jede Kleinigkeit, jede Mimik und Gestik entstehen. Fühlt man sich nicht erkannt, nicht bestätigt, entsteht im Körper eine Spannung, Energie, die das Ziel hat, Bestätigung zu erlangen. Nur durch Bestätigung wird die Unzufriedenheit gelöst. Mit Gefühlen ausgedrückt weiß man, dass Nicht-verstanden-Werden oft mit dem Eindruck einhergeht, nicht ernst genommen zu werden, infolgedessen beispielsweise Aggression oder Kränkung entsteht. Ironischerweise haben sowohl die Aggression als auch die Kränkung die Aufgabe, dem anderen in der Beziehung zu signalisieren: Es ist etwas nicht in Ordnung, das muss geändert werden. Die Motivation, sich selbst zu entwickeln, kommt somit auch von der Aggression oder der Kränkung, genauso wie von der Neugierde für die Wissenschaft, Kunst und die eigene Leistungsfähigkeit.

Aus der scheinbar harmlosen Situation, nicht erkannt, nicht ernst genommen oder nicht verstanden zu werden, entsteht also die Hauptmotivation zur Entwicklung des eigenen Ichs. Wird diese Energie, diese Motivation ebenfalls unterdrückt, entweder von außen durch Freunde, Bekannte und Eltern oder von innen durch das Schuldgefühl, so kann eine psychische Krankheit entstehen. Im neurotischen Bereich wäre dies eine Depression, eine Angst oder ein Zwang, im psychotischen Bereich Halluzinationen, Schizophrenie und Ähnliches.

Angetrieben von dem seelischen Drang, erkannt zu werden, bildet sich im Körper eine Spannung, die in Form eines Gefühls nach einem Verhalten sucht, um aufgelöst zu werden. Welche Art des Verhaltens man wählt oder ob man kein geeignetes Verhalten entwickeln kann und tatsächlich krank werden muss, hängt davon ab, wie harmonisch der Verstand mit seinem Gegenspieler, dem Gefühl, innerlich interagiert. Greift man auf die Struktur der psychischen Inhalte von Sigmund Freud zurück, so wird dieser Konflikt auf der Ebene des sogenannten Über-Ichs gegenüber dem sogenannten Unbewussten ausgetragen. Diese Sichtweise gibt Aufschluss darüber, dass jedes Gefühl, angefangen bei der banalen Unzufriedenheit über Aggression bis hin zur psychischen Krankheit, eine wichtige Aufgabe im Leben eines Menschen zu erfüllen hat.

Die Problematik, dass weder Gut noch Böse bei der Erkenntnis im Vordergrund stehen, lässt die Frage offen, woran wir uns orientieren können, wenn ich *Ich* werden möchte. Ist jetzt alles gut oder alles böse? Auch hier können wir auf die Biologie vertrauen und das Mitgefühl als Wegweiser in den Vordergrund stellen. Solange wir Mitgefühl haben, mit dem anderen empfinden und nicht für ihn denken, dürfen wir davon ausgehen, dass wir gut sind. Wenn wir nichts mehr empfinden, sondern ganz im Denken entscheiden, was für den anderen gut sein könnte, laufen wir Gefahr, unmenschlich zu werden.

## Die Mechanik der Psyche

Bislang ist immer noch unklar, was den Menschen grundsätzlich antreibt. Freud präsentierte sein Strukturkonzept über die psychischen Inhalte vor mehr als hundert Jahren und postulierte, dass die Libido beziehungsweise das Streben nach Lust das treibende Element des Menschen sei. Nach Alfred Adler gilt das Streben nach Macht als treibende Kraft, und nach Viktor E. Frankl das Streben nach einem Sinn im Leben. Von Eric Berne (1967) wurde ein Kommunikationskonzept, die Transaktionsanalyse, entwickelt, die erklärt, welche Ebenen des Bewusstseins bei einer Unterhaltung angesprochen werden. Diese Ebenen wurden von Sigmund Freud postuliert und haben immer noch Gültigkeit. Grob formuliert und stark vereinfacht, sind das jene drei Arten von Wissen, über die jeder Mensch verfügt:

- Die erste Art von Wissen wird dem *Über-Ich* zugeordnet. Das Über-Ich weiß, welches Verhalten richtig und welches falsch ist.
- Die zweite Art wird dem *Ich* zugeordnet. Das Ich ist das Bewusstsein. Das Ich überlegt, was getan, was riskiert wird, wofür man sich entscheiden soll.
- Die dritte Art von Wissen wird dem *Es* zugeordnet. Das Es beinhaltet Wünsche, Triebe, Sex und auch Traumata. Das Es wird auch als das *Unbewusste* bezeichnet.

Diese einfache Einteilung zeigt das komplexe Problem: Wie kann es ein Wissen geben, das als unbewusst bezeichnet wird? Wenn man seine Wünsche und Triebe kennt, sind diese dann trotzdem unbewusst? Wie oft treffen wir eine Entscheidung, bei der das Unbewusste mitentschieden hat, und dem Ich fällt erst im Nachhinein auf, dass eine Entscheidung gefällt wurde, weil man beispielsweise nervös war. Unbewusst bedeutet, dass auch dieses Wissen der Logik zugänglich ist: Wir können über bestimmte traumatische Ereignisse nachdenken, wobei sich die eigentliche Bedeutung des Wissens nur fühlen lässt.

Anhand von Sexualität zeigt sich jene Problematik deutlich: Sehr früh bereits weiß jeder, was Sex ist, dennoch gilt Sex als unbewusster Inhalt. Wie kann das sein? Psychologisch wird dieses Phänomen als Abspaltung bezeichnet. Jenes Phänomen tritt auf, sobald ein Gefühl derart magisch anziehend, verlockend oder unangenehm und stark ist, dass es dem Verstand lieber ist, sich nicht daran zu erinnern. Das heißt, das Wissen um eine Sache kann so unangenehm sein, dass der Verstand entscheidet, sich nicht mehr daran erinnern zu wollen. Auf diese Weise kann die Erinnerung an etwas unbewusst werden.

Inhaltlich zeigt sich, dass es in uns Wissen gibt, welches der Logik, und damit dem Ich, nicht zugänglich ist. Mit Logik ist eine schlussfolgernde Interpretation gemeint, die mit dem Bewusstsein eng zusammenhängt. Beispielhaft kann hier das Erlebnis einer Vergewaltigung gebracht werden. Dieses als extrem unangenehm, bedrohlich, ja traumatisch einzustufende Ereignis wird von der betroffenen Person als Wissen abgespeichert, das in der Kategorie Es, folglich unbewusst Platz findet. Hierdurch ist es möglich, dass die betroffene Person bei dem Thema Sexualität komplett gefühllos wird und sich an das Ereignis selbst nicht mehr erinnern kann. Gefühle bestimmen also mit, was gedacht werden darf und was nicht. Geht es um furchtbare Ereignisse, so ist logisch erklärbar, weshalb dieses Wissen, diese Erinnerung verdrängt werden muss. Ungeklärt bleibt die Position des Täters. Denn auch er hat ein Gewissen, auch er hat ein Über-Ich. Auch ein Täter weiß, dass das, was er tut, nicht richtig ist. Dennoch tut er es. Aber warum? Es muss also nicht nur möglich sein, passiv Erlebtes als unbewussten Inhalt zu erschaffen, sondern es muss auch möglich sein, etwas aktiv Erlebtes – etwas, das selbst getan wurde – unbewusst zu tun, wobei hier unbewusst nicht im Sinne von nicht wissend, sondern wie bei der Abspaltung im Sinne von nicht fühlend getan wird. Aus psychologischer Sicht besteht ein Grund, warum wir etwas wissen, dies aber nicht spüren können.

Um diese Problematik zu behandeln, wurde 2013 erstmals von mir versucht, wissenschaftlich den Begriff der Seele einzuführen. Mit Seele ist jene Instanz in uns Menschen gemeint, die uns ausmacht, und die die Aufgabe hat, anderen zu zeigen, wie wir wirklich sind. Diese Seele hat als weitere Instanz einen Zugriff auf das Ich, das Es und das Über-Ich.

*Ein Beispiel aus meiner Praxis: Lilli K. wurde bedrängt*

*Eine junge Frau im Alter von 22 Jahren, die bereits schlechte Er-*
*fahrungen mit Männern gemacht hat, kommt zur psychologischen*
*Beratung, nachdem ihr Folgendes passiert ist: An einem Samstag-*
*abend habe sie in einem Lokal beim Tanzen einen Mann kennen-*
*gelernt, mit dem sie sich geküsst und der ihr ein unmoralisches*
*Angebot unterbreitet habe. Sie beschreibt, sie habe sich über das*
*Küssen gefreut, dem Mann aber mitgeteilt, nicht gleich beim ersten*
*Date mit jemandem ins Bett zu gehen. Also seien sie noch etwas*
*länger im Lokal geblieben. Als er im Taxi nach Hause gefahren*
*sei, habe er ihr angeboten, sie ein Stück mitzunehmen. Im Auto sei*
*ein neuerlicher Annäherungsversuch von seiner Seite erfolgt, den*
*sie mit dem nochmaligen Hinweis, nicht mit ihm ins Bett gehen*
*zu wollen, abgewehrt habe. Seine Einladung zu einem Abschluss-*
*Drink in seiner Wohnung habe sie jedoch nicht abgeschlagen. Na-*
*türlich wären sie schließlich miteinander im Bett gelandet, ohne*
*jedoch, dass die Frau es wirklich gewollt hätte. Diese Art von Män-*
*nern wolle sie nicht, sie sei nachher sofort gegangen. Jetzt ärgere*
*sich Lilli K. darüber, dass jener Bekannte sie anrufe und auf »nett«*
*tue, obwohl er sie vorher so bedrängt habe. Sie hätte ihn vorher*
*nett gefunden und sie wäre sicher bereit gewesen, sich mit ihm auf*
*eine Beziehung einzulassen, hätte er ihr nur mehr Zeit gelassen.*

Das Beispiel zeigt, wie schwierig es ist, sich gleichzeitig darauf einzulassen, was man möchte, ohne den anderen dabei zu
übergehen. In der Beratung dieser Frau offenbaren sich zwei
Probleme, die sie diskutieren wollte: Erstens die Tatsache, dass
die schlechten Erfahrungen mit Männern Hauptursache dafür
waren, dass sie sich mit diesem Mann nicht beim ersten Mal
einlassen wollte. Zweitens der Umstand, dass sie sich öfter in
solchen Beziehungen befinde, in denen sie nicht berücksichtigt

werde. Aus psychologischer Sicht wäre es sinnvoll gewesen, den Mann »an Bord« zu nehmen und ihm von den schlechten Erfahrungen zu erzählen, um besser verstanden zu werden und hierdurch das Mitgefühl des Mannes nicht zu verlieren. Mit der Frage »Kannst du auf mich warten?« hätte sie ihm ihr eigenes Mitgefühl mitgeteilt, in der Hoffnung, dass es sich zu warten lohnt. Die Wahrscheinlichkeit, einen der beiden dabei seelisch zu verletzen, wäre geringer gewesen, wenn auf diese Art und Weise der Drang der Sexualität zurückgewiesen worden wäre.

### Die Bedeutung für den Alltag

Die Mechanik der Psyche kann einem insofern im Alltag helfen, als dass sich hierdurch bewusst machen lässt, wie man mit unangenehmen Gefühlen umgeht. Doch weshalb entstehen überhaupt unangenehme Gefühle? Geht man davon aus, dass das Ziel »seelischer Bedürfnisse« darin besteht, akzeptiert, respektiert und geliebt zu werden, so bleibt zu überlegen, wie dieses Ziel realisiert werden kann. Innerhalb einer Gruppe von Menschen lässt es sich erreichen, indem man sich den anderen gegenüber zu erkennen gibt, wer man eigentlich ist. In diesem Sinne erhält das Wort Erkenntnis seine Bedeutung: Erkenntnis sowohl als Prozess, etwas zu verstehen, wie beispielsweise in der Wissenschaft, aber auch, sich anderen zu zeigen als Erkenntnis-Prozess. Denn sich zu zeigen bedeutet, andere erkennen zu lassen, wer man ist, wie es einem geht. Solange es einem gut geht, stellt sich die Sache einfacher dar als im umgekehrten Fall. Ob das Ziel der seelischen Bedürfnisse erreicht wird – dass mich meine Mitmenschen mögen und respektieren –, ist nur durch Gefühle erkennbar. Gefühle können in diesem Zusammenhang als eine Art Kontrollinstanz aufgefasst werden. Diesem simplen Prinzip folgend, wird »Motivation« neu definiert als »Energie, sich zu zeigen oder zu erkennen / geben«.

Die Problematik hierbei besteht darin, dass man sich nicht so gerne zeigt, wenn man sich etwa ungeliebt, wertlos, hässlich, dick, dumm oder arm fühlt. Unausgeglichen und unzufrieden zu sein bedeutet, anderen Menschen eingestehen zu müssen, dass etwas nicht (ganz) in Ordnung ist. In einer Gesellschaft zu leben, in der Unzufriedenheit als eine Art von Schwäche angesehen wird, heißt also, dass wir selbst es uns schwer machen, uns etwas einzugestehen. Im psychologisch-klinischen Umfeld bezeichnet man diese Problematik als fehlende Krankheitseinsicht. Ab wann wird eine Diagnose verstanden, ab wann betrachtet sich zum Beispiel der Alkoholkranke selbst als alkoholkrank? Im nicht-klinischen Alltag, also in einer Beziehung etwa, besteht dieselbe Problematik auf einer anderen Ebene. Ab wann traue ich mich, meiner Partnerin zu zeigen, dass mir etwas nicht passt?

Wie in jedem Lebensbereich gibt es auch hier zwei Extreme, die sich von der Unzufriedenheit ablenken lassen und deshalb nicht daran denken, weshalb sie unzufrieden sind. Die erste Gruppe von Menschen vermutet, dass die Unzufriedenheit an sich das Problem darstellt, und sie fragt sich beispielsweise: Warum bin ich nur so traurig? Die andere Gruppe von Menschen hat sich sehr gut unter Kontrolle und verlagert das Problem nach außen. Jedes kleine Unwohlsein wird mit anderen Menschen diskutiert, andere werden verantwortlich dafür gemacht. Die seelische Bedürftigkeit wird jedoch nicht erkannt, die Aufgabe des Gefühls ebenfalls nicht.

Vergisst man darauf, seine Wünsche und Bedürfnisse zu zeigen, verstellt man sich anderen zuliebe oder traut man sich nicht, seine eigene Meinung zu vertreten, findet die Seele mit der Zeit einen alternativen Weg, zu zeigen, wer man ist. Dieser andere Weg kann beispielsweise Aggression oder sogar Krankheit sein. Plötzlich ist man dann zu jenem Menschen, den man am meisten liebt, derart gemein und beleidigend, dass der Verstand mitunter nicht erklären kann, weshalb man so reagiert. Unabhängig davon, wie unfair und respektlos man sich verhält, wird davon ausgegangen, dass die Seele eines jeden Menschen gut ist. Die Seele kann jedoch nicht zwischen Gut und Schlecht unterscheiden, hierfür werden Gefühle benötigt. Welches Verhalten richtig und erwünscht beziehungsweise falsch und unerwünscht ist, erfolgt durch die Instanz des Über-Ichs in der Diskussion mit dem Ich und Es. Das oberste Ziel von Sozialisation eines Menschen lautet stets, respektiert und gemocht zu werden. Hierfür ist das Gefühl die Kontrollinstanz.

Ich vergleiche das erreichte Ziel mit dem Zustand, ausgeglichen zu sein. Man fühlt sich ausgeglichen, sobald man sich ausreichend respektiert und geliebt fühlt als auch ausreichend liebt.

»Wie werde ich Ich?« betrifft jeden, der selbstständig und frei leben möchte, um nicht von anderen Menschen manipuliert zu werden. Um eigene Entscheidungen treffen zu können, ohne anderen oder sich selbst zu schaden, orientiert man sich an Gefühlen. Der Kontakt mit anderen Menschen zeigt, dass wir uns in diese ebenfalls hineinversetzen können: Wir können uns vorstellen, wie es dem anderen geht. Hat man sich für etwas zu entscheiden, wird das Mitgefühl mit dem anderen ebenfalls mitberücksichtigt. Selbst wenn man ganz sicher ist, etwas nicht zu wollen, kann das Mitgefühl dazu führen, seine eigenen Bedürfnisse zum Wohl des anderen zurückzustellen. Vergisst oder unterdrückt man zum Wohle anderer zu oft seine eigenen Bedürfnisse und Wünsche, so entsteht tatsächlich das Gefühl: Ich muss etwas für mich tun beziehungsweise für jene Menschen, die mir am Herzen liegen. Wird dieses Gefühl ignoriert, verliert man mit der Zeit das Mitgefühl, so fällt es einem erst wirklich leicht, etwas für sich zu tun. Ideal und normal ist eine Entwicklung, in der man sowohl tun kann, was man selbst möchte, als auch andere Menschen so lassen, wie sie sind.

*Bin ich etwa schlecht?*

Wenn sich jemand fragt: »Wie werde ich *Ich*?«, so tritt auch die
Überlegung auf, ob dieses Ich gut oder auch schlecht sein kann.
Die Behauptung »Die Seele eines jeden Menschen ist gut« wirft die
nächste Frage auf, wie es dann sein kann, dass jemand imstande
ist, anderen wehzutun oder gar ein Verbrechen zu begehen. Aufgrund der Tatsache, dass zahlreiche Menschen, die Verbrechen
begehen, sehr gebildet sind und sich durchaus des Vergehens
bewusst sein können, ist davon auszugehen, dass der Kern eines
jeden Menschen, die Seele, bei jeder Instanz (Ich, Es, Über-Ich)
das Wissen und das Gefühl voneinander trennen kann. Sie kann
auch das Wissen und das Mitgefühl voneinander trennen und ermöglicht hiermit Handlungen, die für viele nicht vorstellbar oder
nachvollziehbar sind. Die Ursache dafür ist darin zu suchen, dass
das einzige Ziel des Menschen im Entfalten seelischer Bedürfnisse
liegt. Diese sind jeweils momentan und zielen darauf ab, von der
Umwelt als der oder die erkannt beziehungsweise respektiert zu
werden, als der oder die man ist. Mit momentan ist nicht Wech-
selhaftigkeit oder Instabilität gemeint, sondern der Umstand, dass
man immer auch an seine eigenen seelischen Bedürfnisse denken
muss, was nicht heißt, ein Egoist zu werden und das Mitgefühl
oder die Hilfsbereitschaft zu verlieren. Es bedeutet vielmehr, dass
man alles, was man tut, auch um seiner selbst willen tun muss.
Das gilt etwa für Berufe, in denen Menschen anderen helfen oder
dienen: Auch hier darf das Bewusstsein nicht fehlen, dass der
Helfende oder Dienende jemanden braucht, dem er helfen beziehungsweise (be)dienen kann.

Einen Zugang zur Seele und zu dem, was wir sind, können
wir nur erahnen oder über andere Menschen erlangen, und das
nicht nur im Positiven, sondern auch im Negativen. Wenn ich
behaupte, dass die Seele stets gut ist und als Wegweiser für un-

sere Entwicklung dienen kann, dann lässt sich auch anhand des eigenen Ärgers, der Ungeduld und Intoleranz erkennen, dass man eigene Bedürfnisse nicht immer berücksichtigt. Nur wer mit sich zufrieden ist, wird zu Toleranz fähig.

Natürlich können wir auch ohne Rücksicht auf Verluste pure Selbstverwirklichung anstreben, das Glück benötigt jedoch Mitgefühl. Ohne ein *Du* gibt es kein *Ich*. Das Grundprinzip seelischer Bedürfnisse lautet: Durch Akzeptanz, Liebe, Grenzen, Lob, Freude und Zutrauen lernen wir, das grundlegende seelische Bedürfnis, erkannt zu werden, zu befriedigen, indem Individualität positiv bewertet wird. Fehlt diese positive Erfahrung, erkannt zu werden, findet die Seele einen negativen Weg, sich zu zeigen. Diesem Grundprinzip sind mehrere Faktoren untergeordnet, nämlich Werte, psychische Inhalte (Über-Ich, Ich, Es), Einfühlungsvermögen (Empathie) und Stimmung. Jene Faktoren müssen bis zum Abschluss der Pubertät entwickelt werden und spielen zeitlebens eine Rolle.

Passt etwas nicht, so dient ein unangenehmes Gefühl als Wegweiser für eine andere Verhaltensweise. Das unangenehme Gefühl muss nicht immer nur von innen kommen. Oft sind es Freunde, Bekannte, Kollegen oder Vorgesetzte, die einen auf etwas hinweisen und so ein bestimmtes Gefühl auslösen. Das klingt sehr einfach. Aus psychologischer Sicht stellt aber besonders das Wort Gefühl eine Herausforderung dar. Gefühle sind nämlich wechselhaft, vage und von momentanen Umständen abhängig. Was der Körper fühlt, wird von Gedanken interpretiert und als Gefühl geäußert. Falls in einer Liebesbeziehung ein Partner sein Gegenüber mehr liebt als der andere, kann es sein, dass der mehr Liebende ständig Kopfweh hat, an Erbrechen oder Übelkeit leidet, und zwar deshalb, weil er weniger geliebt wird. Der Körper *fühlt* bereits, dass weniger Liebe vorhanden ist, und die Gedanken führen dazu, dass ihm schlecht wird, er

Kopfweh hat oder sich übergeben muss. Übelkeit, Kopfweh und Erbrechen können auch auftreten, wenn die Seele nicht leidet, sondern wenn man zu viel getrunken hat, aber der Körper hat nur sich selbst, um Gefühle auszudrücken. Diesen Unterschied zu erkennen – ob ich zu viel getrunken habe oder ob mein Körper mir etwas weit Bedeutenderes mitteilen möchte – bedeutet, ganz auf sich zu achten. Welche drei Faktoren man hierbei beachten soll, habe ich in meinem Buch »Ein ziemlich gutes Leben« (2014) zu formulieren versucht. Das Glück wurde dort als mathematische Gleichung dargestellt.

---

Seelen- oder Glücksindex:

$$\text{Glück} = \text{Empathie} \times \text{Selbstwert} \times \text{Mut zum Scheitern}$$

---

Das Glück beziehungsweise die Erfüllung der seelischen Bedürfnisse besteht somit aus drei Komponenten: aus dem Einfühlungsvermögen (Empathie) mal dem Selbstwert mal dem Mut zum Scheitern. Das Glück steht und fällt mit dem schwächsten Glied. Ist eines der drei Elemente auf null, ist alles auf null und damit wertlos. Dieses Modell ist deswegen als Index zu errechnen, da man nur so erklären kann, weshalb Menschen, die alles haben, eine absolute Sinnlosigkeit verspüren können. Alles zu haben bedeutet noch nicht gleichzeitig, sich wertvoll zu fühlen, wenn man der Gefahr ins Auge sieht, alles zu verlieren. Ein Mensch, der sich über seine Arbeit definiert, erlebt spätestens bei seiner Pensionierung den Pensionsschock. Er hat sich alles erarbeitet, entbehrt nichts, jedoch fehlt ihm der Selbstwert, wenn er alles hat so ganz ohne Arbeit. Das Rezept für ein gutes Leben besteht also darin, einfühlend zu sein, einen hohen Selbstwert zu haben und sich zu trauen, etwas zu tun mit dem

Risiko, es könnte nicht gelingen. Wenn ich von Einfühlungsvermögen spreche, dann spreche ich von Mitgefühl, denn auch ein Sadist weiß, wie es sich anfühlt für denjenigen, der gequält wird, aber er hat daran eben Freude, weil er nicht mitfühlt, sondern sich am Leid des Gequälten ergötzt.

Empathie, Selbstwert, Mut zum Scheitern: Für ein gutes Leben genügt das. Das Streben nach Glück, Erfolg und Disziplin wohnt uns Menschen von Natur aus inne, es bedarf keiner speziellen Ausbildung. Wir müssen nur lernen, diesem Instinkt, unserer Neugierde und unserem Interesse zu folgen. Der Lernprozess wird automatisch entwickelt, während wir aufwachsen, und hängt somit stark davon ab, wie wir erzogen werden.

Wenn es darum geht, sich zwischen Herz oder Kopf, Verstand oder Gefühl entscheiden zu müssen, lohnt es sich, auch darüber nachzudenken, was uns Menschen als Menschen definiert und welcher Kopf beziehungsweise welches Herz mitentscheiden darf. Ab wann können wir sagen: Auch ein verletztes und gebrochenes Herz hat ein Mitspracherecht in der Liebe; auch ein geistig behinderter Verstand, das fehlende Kurzzeitgedächtnis nach einem Schädel-Hirn-Trauma hat ein Recht darauf, beachtet zu werden? Es ist jedoch sowohl bei dem gebrochenen Herzen als auch bei einem weniger gut funktionierenden Gehirn darauf zu achten, wie weit man sich selbst trauen kann. Bis zu welchen Verhaltensweisen gelten wir als gesund und ab wann gilt etwas als derart krank, dass wir uns auf die Meinung anderer Menschen verlassen müssen?

Ein Mensch gilt als »psychisch gesund«, wenn er Möglichkeiten entwickeln kann, seinen Mitmenschen zu zeigen, wer er / sie wirklich ist. Dies jedoch mit Einbeziehung der Empathie, das heißt: sein zu können, wer man ist, und andere sein lassen zu können, wie sie sind. Dieser Prozess ist eine Entwicklung und beinhaltet sämtliche Emotionen. Der oder die sein zu können, der / die man wirklich ist, bedeutet nicht, stets fröhlich und glücklich zu sein, sondern innerhalb der Extremwerte aller Emotionen auf die jeweiligen Herausforderungen zu reagieren beziehungsweise sie zu reflektieren, an ihnen zu wachsen und zu reifen.

Ein Mensch gilt als »psychisch krank«, wenn sich ein innerpsychischer Konflikt zwischen dem Über-Ich, Ich und Es nicht auflösen lässt und die hierdurch entstehende körperliche Spannung mittels Krankheit oder Aggression gelöst wird. Jener Konflikt kann entstehen, wenn Menschen in ihrer Entwicklung daran gehindert werden, auf ihre seelischen Bedürfnisse zu achten oder diese Bedürfnisse aufgrund von massiven traumatischen Ereignissen schlicht vergessen. Die Missachtung seelischer Bedürfnisse beziehungsweise deren Verhinderung erfolgt auf verschiedenen Wegen. Es gibt Menschen, die während der Kindheit nicht ernst genommen und massiv unterdrückt, geschlagen oder vergessen werden. Nicht ernst genommen zu werden kann sich jedoch auch anders zeigen. Im Gegenteil nämlich, wenn man einfach immer gelobt, nicht gefordert, durch Überfluss ruhiggestellt wird und durch Privilegien auf seelische Bedürfnisse eines Menschen vergisst.

Das Nicht-Beachten seelischer Bedürfnisse erweckt den Eindruck von Sinnlosigkeit. Die Folgen manifestieren sich im Extremfall als neurotische und psychotische Krankheitsbilder. Bei der Genese dieser Erkrankungen wird die Seele als maßgeblich erachtet. Zum Spannungsabbau stehen neben bisher genannten auch noch krankhafte Formen zur Verfügung, wie zum Beispiel psychophysiologische Reaktionen deutlich machen können: Herzrasen, Schwindel, gastrointestinale Phänomene oder andere.

Psychischer oder körperlicher Leidensdruck entsteht, sobald der Körper oder die Psyche nicht mehr die Möglichkeit hat, sich auszudrücken. Solche Ausdrucksformen finden überall statt – in Mimik, Gestik, Grob- und Feinmotorik sowie in Freiheit zu denken, was man möchte. Diese hier selbstverständlich wirkenden Elemente werden in unserem hierarchischen und leistungsorientierten Wertesystem nicht automatisch ausgebildet. Auch wenn wir von Natur aus danach streben und dies an sich in uns innewohnt, muss jeder Einzelne doch geschult werden zu sagen, was man denkt, fühlt oder anstrebt. Der Leidensdruck wird umso größer, je mehr wir uns an äußeren Wertesystemen orientieren. Die Belohnung erfolgt kurzfristig durch Bestätigung.

Um die richtige Entscheidung zwischen Gefühl und Verstand treffen zu können, benötigt man das Gefühl oder die Bestätigung anderer Menschen, die einem zeigen, dass man »gut ist«. »Gut zu sein« allein genügt aber nicht. Nur gelobt zu werden, das reicht der Seele auf Dauer nicht, im Gegenteil: Wird man gelobt für etwas, was alle anderen Menschen selbstverständlich gut können, tritt die Frage auf: »Weshalb werde ich da so gelobt? Verdiene ich das oder bin ich doch etwas schlechter als alle anderen, sodass ich gelobt werden muss?« Nicht nur das eigene Verhalten wird danach beurteilt, ob es sinnvoll ist, sondern man fragt sich auch, ob das, was ein anderer Mensch tut, sinnvoll ist. Dieser Sinn wird im Erkennen empfunden, jedoch nur, wenn sich die Erkenntnis lohnt. Der Prozess des Erkennens geht in zwei Richtungen: Erkenntnis und Darstellung. Beide Prozesse wirken für uns sinnvoll und ermöglichen uns, die körperlichen Bedürfnisse zu vergessen und uns auf eine Sache vollkommen zu konzentrieren.

Die Entwicklung der Seele beginnt ab der Geburt und wird durch Neugierde, Interesse, Kompetenz-Erlebnisse (flow) und das kindliche Spiel gefördert. Seelische Bedürfnisse werden durch körperliche und psychische Elemente befriedigt. Was jeweils gefühlt wird, lässt sich auf körperliche, künstlerische oder andere Art ausdrücken.

Diese großen Fragen nach der eigenen Person werden durch den Umgang mit Kleinigkeiten im Alltag und vom ersten Tag an beantwortet. Bis heute ist ungewiss, wer bestimmt, was ein *Gebot* und was ein *Verbot* ist und wozu diese Einteilung so wichtig ist. Aus psychologischer Sicht erscheint diese Überlegung wichtig, weil immer noch unklar ist, wie man auf die Idee kommt, ein Bild zu malen oder ein Auto zu bauen. Das brave und ordentliche Leben ist das Ergebnis von Schlussfolgerungen. Doch das Leben fordert mehr – es will gelebt werden durch Freude, Verständnis und Sinn, und dafür riskiert man Trauer, Unverständnis und Aggression.

Die Seele fordert zu zeigen, wer wir sind, und verlangt dafür, Liebe und Anerkennung zu erhalten. Das gilt als gutes Leben, denn erkannt und akzeptiert zu werden bedeutet, einen Sinn für diese Gesellschaft zu haben. Gesellschaftlich wertvoll zeigen, wer man ist, gelingt, indem unterschiedliche Rollen erfüllt werden. Nur wenn seelische Bedürfnisse befriedigt werden, fallen die Angst und Unsicherheit, nicht zu genügen, gegen jemand Besseren oder Schöneren ausgetauscht zu werden, ab. Ein Polizist beispielsweise, der in seiner Uniform in der Früh zum Dienst geht und seine Kollegen sieht, zeigt, dass er Teil einer Gruppe ist. Wenn er während seines Dienstes mit all den Amtshandlungen, mit denen er zu tun hat, überhaupt keinen Erfolg hat, so wird er mit der Zeit das Gefühl haben, lediglich eine Rolle zu spielen und die eigentliche Erfüllung dieses Dienstes nicht zu erleben. Teil einer Gruppe zu sein, ohne den eigentlichen Sinn dieser Gruppe erfüllen zu können, führt zu dem Eindruck, ersetzbar und austauschbar zu sein. Diese Problematik gilt auch für andere Lebensbereiche und Rollen.

# Der Seele Ausdruck verleihen

Fordert die Seele von uns, dass sich ein Mensch als Individuum zeigt, so knüpft sich daran die Frage, was damit im Alltag gemeint ist. Hier kommt das Phänomen der Stimmung zum Tragen. Soll der Seele Ausdruck verliehen werden, bedeutet das im Alltag, anderen zu zeigen, wie es mir geht, in welcher Stimmung ich mich befinde. Dieser Ausdruck findet in jeglicher Banalität statt und betrifft die Körperhaltung, die Art zu schreiben, sich zu bewegen, die sexuelle Orientierung, die Berufswahl, die Art zu gehen und vieles mehr. Der Zusammenhang mit der Stimmung ist ein vergangenheitsbezogener, das bedeutet: Weil es mir schlecht geht, lasse ich meinen Kopf hängen. Dieser Kontext stellt auch einen zukunftsbezogenen Aspekt her: Meine Interessen, Vorlieben etc. erwecken eine Stimmung im Zusammenleben mit anderen Menschen. Jeder hat das Bedürfnis, als der erkannt zu werden, der er ist. Dieses Erkennen betrifft nicht nur die Physiologie, sondern auch das Erleben eines Menschen. Besonders wenn es darum geht, in Form von Musik ein Empfinden zu vermitteln, wird deutlich, wie sich der Zusammenhang zwischen der eigenen Stimmung und dem Seelenleben gestaltet.

Weshalb sexuelle Orientierung als Ausdrucksform der Seele, könnte man sich fragen. Weil Sexualität und Identität sehr stark miteinander zusammenhängen und weil es nicht nur genügt, einfach Mensch zu sein. Die Attraktivität in romantischer oder sexueller Hinsicht wird anderen Menschen gegenüber gezeigt. Beispielsweise kann ein Mann als Mann erkannt werden wollen, deswegen geht er wie ein Mann, steht wie ein Mann, achtet auf seine Körperhaltung, Stimme und so fort. Oder eine Frau, die als Frau erkannt werden möchte, achtet beispielsweise darauf, was Frauen in ihrem Umfeld tragen. Neben den biologisch vorgegebenen Unterschieden betrifft der seelische Ausdruck von männlich oder weiblich vor allem die Definition von Männlichkeit und Weiblichkeit durch die Gesellschaft. Tragen etwa Männer nur blaue und weiße Hemden und Sakko, dann zieht man diese Sachen an, um als Mann erkannt zu werden. Fühlt man sich als Mann hingegen zu anderen Männern hingezogen und möchte dieser sexuellen Orientierung Ausdruck verleihen, passt man die Körperhaltung sowie das äußere Erscheinungsbild seiner Sexualität an. Passend dafür sind Erscheinungsformen, die sich am weiblichen Stereotyp der Gesellschaft anlehnen.

Weshalb ist das entscheidend? Erst durch den Ausdruck der eigenen Stimmung oder der eigenen sexuellen Orientierung erfolgt durch Menschen, denen man begegnet, eine andere Bewertung der eigenen Person. Das seelische Bedürfnis, erkannt zu werden, bedeutet auch, diese andere, neue, im Idealfall positive Bewertung erkennen zu können. Durch die Stimmung wird es möglich, eine an sich unbedeutend erscheinende Tatsache wichtig werden zu lassen. Durch eine Stimmung wird jemand innerhalb einer Gruppe oder Gesellschaft groß und wertvoll oder aber klein und wertlos gemacht. Je besser eine Stimmung von der Gruppe aufgenommen wird, desto leichter fällt es jemandem, sich so zu bewegen, zu sprechen und anzuziehen, wie es der eigenen Befindlichkeit entspricht. Wird eine Stimmung innerhalb einer Gruppe nur schwer ertragen, so wird man sich dafür entscheiden, Verhaltensweisen zu zeigen, die die eigene Stimmung verbergen. Dies betrifft auch die Wahl des Hemdes, der Schuhe oder des Autos.

*Ein Beispiel aus meiner Praxis: Der »Außenseiter« Marcel M.*

*Der junge Marcel M. kommt mit seiner Mutter zu mir in die Praxis. Frau M. berichtet, dass ihr Sohn oft traurig sei, wenige Freunde habe, sich in der Schule nicht wohlfühle und sie daher um seine Zukunft bange. Der 16-Jährige trägt längere Haare, die seine Augen teilweise verbergen, hält den Kopf gesenkt und zeigt auch sonst eine gebeugte Körperhaltung. Er gibt an, seine Klassenkameraden nicht zu verstehen. Er absolviere eine Handelsakademie, sei sehr an Wirtschaft interessiert, jedoch gar nicht der Managertyp. Seine Art zu zeigen, dass er anders sei als seine Mitmenschen, würde vor allem durch seine Frisur und schwarze Kleidung erkennbar sein. Nach eigener Aussage schätzt der Schüler jedoch seine Familie beziehungsweise die Unterstützung durch seine Mutter sehr. Nach Abschluss der Handelsakademie wolle er selbst studieren und später ein Familienleben führen.*

*Marcel M. sucht mich bis zu seiner Matura regelmäßig auf und kann sich in seiner Position als Außenseiter in der Klasse gut zurechtfinden. Er beendet die Schule mit gutem Erfolg und beginnt zu studieren. Ein Jahr später kommt er abermals in meine Praxis. Diesmal zeigt sich ein interessantes Zustandsbild. Der Student berichtet nun, er habe an der Universität gute Freunde und leicht Anschluss gefunden, gehe viel aus und fühle sich sehr wohl, aber er wolle das Studium nicht mehr fortsetzen. Arbeiten wolle er jedoch auch nicht. Am liebsten wäre ihm eine »staatenlose Existenz«, die ihm noch mehr Freiheit verschaffen würde. Er wolle herumreisen, die Welt kennenlernen, mit seinen Freunden leben und nicht in ein bestimmtes Schema oder in Verpflichtungen hineingedrängt werden. Aufgrund seiner fehlenden Leistung hätten ihm die Eltern allerdings das großzügige Budget gekürzt. Kaum wisse er endlich, wie er leben wolle, sei dies nicht mehr möglich. Er sehe es als Aufgabe, anderen zu zeigen, wie sinnlos das »Arbeiten im Hamsterrad«, gesellschaftliche Verpflichtungen und ähnliche Abläufe seien.*

*Die Problematik dieses Falles besteht aus psychologischer Sicht darin, dass der Jugendliche seine eigene Identität nur im Darstellen eines Gegensatzes zu seinen Mitschülern erkennen kann. Als*

Student findet er eine Gruppe, zu der er dazugehört. Der Gegensatz zu ihr ist dennoch nötig, um die eigene Identität aufrechtzuerhalten. Deshalb wird der Gegensatz allmählich auch noch erweitert, von der Klasse auf die Gesellschaft übertragen, einschließlich der eigenen Familie.

Das Ziel der psychologischen Beratung muss darin bestehen, den jungen Mann beziehungsfähig werden zu lassen. Nur wer Beziehungen eingehen kann, schafft es, sich eine stabile Identität neben den Identitäten anderer Menschen aufzubauen. Baut man sich seine eigene Identität nur auf, indem man Beziehungen eben nicht eingeht – sich also abgrenzt –, läuft man Gefahr, sich nicht bloß abzusondern, sondern von der Gesellschaft überhaupt auszugrenzen.

Nach wenigen Monaten gelingt es, den Studenten dazu zu bewegen, auch mit Menschen auszugehen, die eine andere persönliche Meinung beziehungsweise Weltanschauung haben als er selbst. Es stellt für ihn keine Bedrohung mehr dar, sich mit jemandem zu unterhalten, der etwa die Absicht hat, sich mit 27 Jahren einen Porsche aus eigener Arbeitskraft erwerben zu können, was der Student persönlich ablehnt. Auch die Abgrenzung von seinen Eltern ist jetzt nicht mehr im früheren Ausmaß erforderlich. Ebenso legt er auf das äußere Erscheinungsbild weniger Wert. Nicht in dem Sinne, dass er die Körperpflege vernachlässigen würde, sondern dass er nun ein Hemd anziehen könne, ohne die Sorge zu haben, sich dabei verstellen zu müssen. Selbst wenn diese Ziele etwas banal und vielleicht bedeutungslos wirken, so stellen sie doch im konkreten Fall einen großen Schritt bei der Wiedereingliederung in die Gesellschaft dar.

# Der Verstand entscheidet

*Habe Mut, dich deines eigenen*
*Verstandes zu bedienen.*

IMMANUEL KANT

»Die Seele möchte erkannt werden.« – »Wie werde ich *Ich*?« – »Woher weiß ich, wer ich bin oder wie ich bin?« Liest man Sätze wie diese, geht der Verstand automatisch auf Distanz, denn jeder weiß, dass die Seele bis dato wissenschaftlich weder bestätigt noch gefunden worden ist. Das logische Denken macht es nicht notwendig zu fragen: »Wer bin ich?«, denn jener, der denkt, weiß es. Es ist logisch, sich selbst zu sagen: »Ich weiß, wer ich bin. Ich weiß, was ich mag und was ich nicht mag. Ich bin ein ›grader Michl‹ und sage stets meine Meinung.« Mit solchen Erklärungen des Verstandes sollte man gut zurechtkommen. Ich bin *Ich*, und falls jemand sich verstellen muss, um anderen zu gefallen oder um sich integrieren zu können, so sagt der Verstand: »Der muss zum Psychologen, denn er leidet an einem Selbstwertproblem.«

Man kommt gar nicht auf die Idee, dass wir in einer Welt voller Möglichkeiten leben, wo es nicht darum geht, seinen Selbstwert durchzusetzen, sondern darum, unter den Möglichkeiten dasjenige auszusuchen, was uns am ehesten liegt. Alles wird sofort auf Probleme in der Gefühlswelt abgewälzt. Darüber gerät in Vergessenheit, dass auch der Verstand und das Wissen von einer Leidenschaft und der Neugierde für etwas leben. Wissen benötigt Interesse. Dies entsteht genauso wie die

Neugierde oder die Leidenschaft durch ein Gefühl, durch den Drang, etwas erkennen oder darstellen zu wollen – Gefühle also, die den Verstand einschalten. Und der Verstand versucht, das Gefühl auszuschalten. Wer so denkt, stellt den Verstand als Gegensatz zu Gefühlen dar und reduziert damit das Denken sowie das Fühlen. Reduzieren deshalb, da hierdurch der Anschein entsteht, Denken wäre von Gefühlen unabhängig und umgekehrt. Hierdurch erlaubt man sich, den Anschein entstehen zu lassen, dass ein politisch korrektes Verhalten gegenüber anderen Menschen objektiv sei. Vergleicht man ein Gefühl mit einer Farbe, so bedeutet das Wort objektiv so etwas wie farblos. Auf die Psychologie umgelegt heißt das, dass es keine objektive Begegnung zwischen zwei Menschen gibt. Sie können einander nur bewertend begegnen. Aus psychologischer Sicht ist ein objektives, wertfreies Verhalten nicht definierbar. Beginnt jemand mit den Worten »Objektiv betrachtet« etwas zu beschreiben, so wird der Zuhörer das Beschriebene entweder als gleichwertig oder als wertlos interpretieren, nicht jedoch als etwas Wertvolles.

Bei sozialen Kontakten sollte jedoch eine positive Wertschätzung empfunden werden. Nur ein Mensch, der sich wertgeschätzt fühlt, ist befähigt, eine Beziehung einzugehen, die von Harmonie gekennzeichnet wird. Ob als Polizist, als Arzt, als Psychologe – jede Beziehung kann lediglich als wertvoll oder wertlos bezeichnet werden. Daher ist es unmöglich, etwas objektiv – im Sinne von wertfrei – zu beschreiben. Selbst der Ausdruck »Ich wurde korrekt behandelt« bedeutet, dass man zwar nicht mit Liebe, aber zumindest mit ausreichendem Respekt, folglich mit der nötigen Wertschätzung behandelt wurde. Versucht man, sich am Verstand und an der Logik zu orientieren, passiert es mitunter, dass das Wort Menschlichkeit in den Hintergrund tritt und an Bedeutung verliert.

Entscheidungen zu treffen, die einem das Gefühl geben, dass etwas nicht nur für den anderen zuliebe getan wird, dass man sich nicht verstellen muss, heißt zunächst zu wissen, was man selbst möchte und was man kann. Erst die Kontrolle über den eigenen Körper und über die eigene Leistungsfähigkeit erlaubt eine Entscheidung zwischen gezielten Handlungen. Die Entwicklung von etwas Seelischem bedeutet, etwas zu wollen oder etwas anzustreben, das außerhalb dieses Kontrollbereiches fällt. Das kann sowohl etwas Hochwissenschaftliches oder Hochkomplexes sein, aber auch ganz Banales. Für hochkomplex oder wissenschaftlich würden wir als Beispiel etwas Medizinisches anführen können, für banal etwa, dass man lernt, die Meinung der Eltern weniger wichtig zu nehmen.

## Der Verstand als Sicherheitsfaktor

Der Verstand gilt deswegen als Sicherheitsinstanz, da er erkennt, welches Verhalten notwendig ist und welche Strukturen beachtet werden müssen. Besonders in einer hierarchisch strukturierten Gesellschaft ist es für die Integration in eine Gruppe wichtig zu erkennen, wer welches Ausmaß an Verantwortung trägt und welche Position die eigene ist. Durch die Möglichkeit des Erkennens und Erklärens einer gesellschaftlichen Struktur, die außerhalb des Körpers besteht, erhält der Verstand seine Macht für alle Entscheidungen und Bedürfnisse, die innerhalb des eigenen Körpers entstehen. Die alte klassische Familienstruktur beispielsweise lässt erkennen, dass die Großmutter dem Vater sagt, was wesentlich ist, und dieser kommuniziert dies der Tochter – dabei könnte die Enkelin diese Information direkt von ihrer Oma erfahren. Das Verhalten eines Menschen orientiert sich an der erlebten gesellschaftlichen Struktur. Eigene körperliche Bedürfnisse jedoch kann man nicht wie das Verhalten steuern. Jedes simple Bedürfnis des Körpers bewertet der Verstand auch in Bezug auf das erlebte soziale Umfeld. Wenn ein zehnjähriger Schüler in der Schule unmittelbar nach einer Pause Hunger hat, wird ein anderes Verhalten gezeigt, als wenn dieser zu Hause auf der Couch fernsehen würde. Der Verstand bewertet alle möglichen Reaktionen sämtlicher Personen, die im Raum anwesend sind. So könnte der Verstand die Sorge haben: »Sage jetzt nicht, dass du Chips essen möchtest, denn sonst lachen sie dich aus, es war doch gerade Pause, um zwölf Uhr ist Mittagspause.« Dieselbe Problematik sieht in den Ferien ganz anders aus. Einer Mutter kann das Bedürfnis nun viel ungezwungener mitgeteilt werden. Man darf sein, so wie man ist, und Chips können schon um zehn Uhr gegessen werden.

Um eigene Entscheidungen treffen zu können, ist es wesentlich, sowohl sich selbst als auch anderen Menschen gegenüber diese Entscheidungen zu erklären. Der Verstand ermöglicht schlussfolgernd darzustellen: Wird dieses oder jenes getan, so wird dieses oder jenes erwartet. Von dieser Erklärung darf Verständnis erwartet werden und damit die Sicherheit, das Richtige zu tun. Der Verstand gilt aufgrund des logischen Denkens als jene psychische Instanz, die entscheidet, was richtig und was falsch ist. Durch Erklärungen können Gefühle als unbedeutend und unwichtig dargestellt und damit als falsch postuliert werden. Der Verstand stellt jene Instanz dar, an der wir früh lernen, uns zu orientieren. Der große Unterschied zu den Gefühlen liegt darin, dass Gefühle in angenehme und unangenehme eingeteilt werden, wohingegen Gedanken zwischen Richtig oder Falsch unterscheiden. Beispielsweise besteht zwischen dem 6.

und 15. Lebensjahr Schulpflicht. Dies wird gefühlsmäßig und verstandesmäßig unterstützt. Das heißt: Diese Verpflichtung betrachten wir auch gefühlsmäßig als angenehm.

Dennoch gehen viele Kinder nicht gerne zur Schule. Dies wird als »normal« betrachtet und etliche Schüler lernen, dass jene Art von Verpflichtung unangenehm, aber richtig ist. Aufgrund der Trennung zwischen Gefühl und Verstand werden das Schulsystem an sich, das Lehrpersonal, doch auch andere Umstände oft gar nicht infrage gestellt. Es ist kaum vorstellbar, dass Schule auch Freude bereiten kann. Diese Art von Trennung zwischen Gefühl und Verstand behalten wir fallweise bis ins hohe Alter bei, was zur Folge hat, dass viele Tätigkeiten, die unangenehm sind, als richtig deklariert werden. Um beim Beispiel der Schule zu bleiben: Es lässt sich beobachten, dass man hier bereits lernt, zu einem gewissen Zeitpunkt zu essen, auf die Toilette zu gehen oder seinen Durst zu stillen. Es entsteht die Meinung, der Körper müsse trainiert, ja »abgerichtet« werden. Beachtet man freilich die Kriterien des kindlichen Spiels (Vergessen von Zeit, Vergessen von körperlichen Bedürfnissen, Freiwilligkeit, positive Emotionen / Freude), so fällt auf, dass man den Körper gar nicht trainieren muss, wann man isst oder auf die Toilette geht. Beim Spiel vergisst man also auf körperliche Bedürfnisse und auf die Zeit ganz automatisch und gern. All das muss in der Schule freilich nur dann trainiert werden, sollte das Interesse im Unterricht fehlen. Noch dazu spürt man während des Spielens ein angenehmes Gefühl: Daher muss man gar nicht lernen, Bedürfnisse zu ignorieren oder speziell darauf zu achten.

Wir müssen darauf Wert legen, den Verstand nicht zu verlieren oder aufzugeben, schließlich leben wir in einer Welt, in der Attraktivität, Schnelligkeit, Leistung und Wissen im Vordergrund stehen. Um in diesem Gefüge zu überleben und zu funktionieren, ist es wichtig, gut in ein soziales Umfeld eingebunden zu sein, ohne sich dabei selbst zu vergessen. Eine einseitige positive Bewertung des Verstandes und hierdurch gleichzeitige Abwertung des Gefühls bringt etwas mit sich. Allzu leicht vergisst man auf sich selbst, nämlich auf all das, was einen im Grunde als Mensch ausmacht – auf den Sinn, auf die Seele. Denn ein Mensch ist viel mehr als ein funktionierender Teil der Gesellschaft. Manchmal kann logisch nicht erklärt werden, wie solch ein Teil funktioniert.

## Wie werde ich nicht *Ich*?

Während man darüber nachdenken muss, was einem guttut und wie man ein glückliches, gutes Leben führen kann, bedarf es nur weniger Überlegungen, wie man nicht wird, wie man ist. Das Grundbedürfnis, frei entscheiden zu können, betrifft diese Überlegungen. Im Alltag bedeutet das, einfach nur zu tun, was die anderen von einem fordern, stets brav seine Leistung zu bringen, um Konflikte, Eskapaden oder üble Nachrede zu vermeiden. Orientiert man sich ausschließlich am Verstand und versucht, gut eingegliedert zu leben, passiert es leicht, dass man sich die Freiheit nimmt, anderen zu zeigen, wie individuell man ist. Es gibt dann im Leben viele Verpflichtungen, die sich daraus ergeben, wie gut man in den Freundeskreis oder in eine Gesellschaft passen möchte. Wir lernen rasch zu erkennen, was andere Menschen brauchen und was notwendig ist, um eine bestimmte gesellschaftliche Position einzunehmen. Dieses Erkennen verhindert jedoch manchmal, an seine eigenen Bedürfnisse zu denken, an das, was nur ich benötige. Diese leicht ironisch dargestellte Entwicklung kann jedoch sehr rasch Realität werden. Denn heutzutage fordern wir das sogenannte Wohlfühlen: »Tu, wohin dein Herz dich trägt« – »Mach, was dir Freude bereitet«. Jeder Mensch benötigt nicht nur andere, die einen erkennen, sondern darüber hinaus auch Personen, für die er etwas Gutes tun kann. Versuchen wir, für jemanden Gutes zu tun, besteht bei diesem die Pflicht, dasjenige, was getan wurde, auch als gut zu bewerten.

Sieht beispielsweise ein junger, kräftiger Mann eine alte Frau an der Kreuzung stehen und möchte helfen, so wird er hingehen und sie fragen, ob sie die Straßenseite wechseln möchte, ehe er ihr anbietet, sie hinüberzubegleiten. Nimmt die Dame seine Hilfe an, wird diese wahrscheinlich auch als gut bewertet werden. Sieht er jedoch, dass die Frau über die Straße möchte und hebt sie einfach hoch, um sie hinüberzutragen, ohne dabei viel zu fragen, kann es sein, dass sie sich in ihrer Freiheit eingeschränkt fühlt, eventuell Angst bekommt und sich vielleicht nicht für diese Hilfe bedankt. Überall dort, wo wir jemandem helfen und Gutes tun möchten, müssen wir stets auch im Blick haben, was derjenige, dem geholfen wird, als gut empfindet.

Sich die eigene Freiheit zu bewahren und ganz bei sich zu bleiben bedeutet auch, dem anderen klarzumachen, dass das, was gut gemeint ist, lediglich eine Chance, eine Möglichkeit sein kann, dass es ihm auch wohltut. Natürlich ist das mit einem gewissen Risiko verbunden, denn egal, wie gut ich es mit jemandem meine, gibt es keine Garantie dafür, dass mein Gegenüber das genauso empfindet. Viellcicht ist das Gutgemeinte für ihn tatsächlich eher schlecht oder zumindest unbefriedigend. Daher müssen wir lernen, gegenseitig alles noch so Gutgemeinte zu relativieren. Damit ist gemeint, dem anderen schlicht und einfach zu zeigen, dass es vielleicht nicht gut ist. Wenn etwas nicht gut ist, kann auch niemand etwas dafür.

Dieses Risiko tragen beide: derjenige, der gibt, und derjenige, der nimmt.

»Wie werde ich nicht *Ich*?« funktioniert rasch vor allem dadurch, dass man alles Gutgemeinte, alle Hoffnungen und Erwartungen zu erfüllen versucht. Wie passt diese Orientierung an den anderen mit unserem Wissen und mit unserem Verstand zusammen? Alles Gutgemeinte hängt ja mit dem vorhandenen Wissen zusammen. Empfiehlt man also in guter Absicht einem übergewichtigen Menschen eine Diät, so ist das gut gemeint. Man weiß, zu viel Körpergewicht macht auf Dauer krank, und man weiß auch, eine Diät kann Abhilfe schaffen. Zusätzlich weiß man, dass der stark übergewichtige Mensch sich sehr wahrscheinlich in seinem Körper weder wohlfühlt noch besonders attraktiv findet. Es ist also nur logisch, dass derjenige, dem ich etwas anbiete, diesen Ratschlag annehmen und beherzigen wird.

Der Logik zum Trotz müssen wir feststellen, dass diese Art von Empfehlungen als Beleidigung oder als Frechheit empfunden wird und oft das Gegenteil von dem bewirkt, was man eigentlich beabsichtigt. All diese gut gemeinten, logisch klingenden und am Wissen orientierten Empfehlungen müssen deswegen relativiert werden: sowohl von dem, der Empfehlungen ausspricht, als auch vom Empfänger. Ich werde nur *Ich*, wenn ich lerne, mich an diesen Empfehlungen nicht zu orientieren, und zwar weder im Positiven noch im Negativen. Jeder muss für sich den eigenen Weg finden und all das Wissen anderer Menschen als eine Möglichkeit oder als eine Chance begreifen, die man am Schopf packen kann oder auch nicht. Wir müssen uns die Freiheit bewahren, etwas nicht zu nehmen.

Zwei Beispiele sollen verdeutlichen, welche Folgen es für das Wohlbefinden und für den Körper haben kann, wenn man sich gegen die gut gemeinten Ratschläge anderer Menschen nicht wehrt und versucht, Erwartungen anderer zu erfüllen.

*Ein Beispiel aus meiner Praxis: Wie geht es dir wirklich?*

*Benjamin B., ein 61 Jahre alter Pensionist, sucht Rat bei mir in der Praxis, weil er abnehmen und künftig glücklicher leben möchte. Er erwähnt, dass er bereits mehrere Spitalsaufenthalte und Operationen hinter sich habe, nach zwei Herzinfarkten, einer Magenblutung und offenen Beinen. Er leidet nicht an Diabetes und weist auch sonst keine Grunderkrankung einer Blutungsstörung auf. Die Krankheiten haben die untersuchenden Mediziner dem Übergewicht des Mannes zugeordnet. An dem, was Benjamin B. mir schildert, kann ich ablesen, dass er sich viel damit beschäftigt haben muss, was medizinisch und gesellschaftlich als gesund beziehungsweise als krank gilt. Er ist sich dessen bewusst, was ihn stresst und zum Essen bewegt. Hinzu kommt, dass er seit Jahren keinen Urlaub mehr nimmt. Außerdem sind ihm die Probleme in seiner Beziehung deutlich geworden. Er ist mit einer Frau verheiratet, die viel Alkohol trinkt, während er für das Einkommen zuständig ist. Er weiß jedoch nicht, wie er das, was ihn stresst und ihm zusetzt, ändern könne.*

*Im Gegensatz zu seinen klaren und logischen Aussagen stehen seine Körperhaltung, Mimik und Gestik. Sein Körper verrät, dass es ihm absolut nicht gut geht. Alles, was er sagt, ist lediglich in seinem Kopf. Bereits beim Betreten der Praxis wird eine nervöse Grundstimmung spürbar: aufrechter Gang, stechender, sehr aufmerksamer Blick, stark an außen orientiert, betont höflich und zuvorkommend, doch nicht in sich ruhend. Ich beobachte, dass die Atmung des Mannes oft im Brustbereich stattfindet. Er seufzt häufig und hält bei bestimmten Themen immer wieder kurzzeitig die Luft an – typische Anzeichen von Nervosität und Unruhe. All das, was andere gesagt haben, das gut für ihn sei, habe er verinnerlicht, sich stets selbst vorgesagt und zu seinem Maßstab gemacht. Trotzdem sei er bislang nie imstande gewesen, auch nur eine einzige Gesundheitsanweisung für sich anzuwenden. Und Herr B. betont, nicht verstehen zu können, weshalb. Er will, dass ich ihm dabei helfe, konsequenter mit sich selbst zu sein.*

*Eine genaue Analyse seines Arbeitsalltags und seines Privatlebens zeigt, dass er tatsächlich sehr hilfsbereit, Tag und Nacht für seine Freunde da ist, dass er auch die Verantwortung für das Einkommen der Familie ernst nimmt und tragen kann. Benjamin B. macht deutlich, dass er jetzt einmal etwas für sich tun müsse. Immer tue er alles nur für die anderen, diese zeigten sich sowieso nicht dankbar, viele schuldeten ihm Geld und er würde auf einigen Kosten sitzen bleiben. Er fühle sich oft verspannt, unruhig und unglücklich. Allein die Pflichten gegenüber seiner Frau bringen ihn morgens zum Aufstehen und zum Arbeiten. Er habe bemerkt, dass er sich bei viel Stress gar nicht die Zeit zum Essen nehme, er jedoch ständig nebenbei esse: eine Wurstsemmel hier, etwas Süßes da, ständig trage er etwas bei sich.*

*Aus psychologischer Sicht hat Herr B. offenbar sehr früh gelernt, die Erwartungen anderer Menschen erfüllen zu können und dabei auf sich selbst zu vergessen. Sein Körper jedoch hat nicht auf die eigenen Bedürfnisse vergessen und diese in Form von Hunger signalisiert: »Ich brauche etwas.« Daher muss er lernen, darauf zu achten, was sein Körper tatsächlich benötigt. Therapeutisch veranlasse ich den Betroffenen dazu, die Lösung seines Konfliktes ausschließlich in der Harmonie mit einem anderen Menschen zu suchen. Künftig soll Benjamin B. darauf achten, wie es ihm geht, sobald er mit seinen Kunden ein Gespräch beginnt und dieses auch beendet. Welche Körperhaltung und welche Stimmlage nimmt er dabei ein? Allmählich fällt ihm auf, dass er im Kundenkontakt einen anderen Gang, eine schärfere Stimme und eine angespann-*

*tere Haltung zeigt als zu Hause in Gegenwart seiner Ehefrau.*
*Zunächst erklärt er, das müsse so sein, damit ihn die Menschen*
*besser verstehen. Erst nach mehreren Gesprächen stellt sich heraus,*
*dass er die schärfere Stimme und angespannte Körperhaltung gar*
*nicht benötigt. Doch es falle ihm weiterhin schwer, die Ratschläge*
*seiner Freunde und seiner Frau umzusetzen. Aus Frust darüber,*
*stellt er fest, esse er immer noch mehr.*

*Aus psychologischer Sicht bilden die gut gemeinten Ratschläge*
*der Ehefrau beziehungsweise der Freunde nämlich eine Kränkung,*
*denn sie akzeptieren Benjamin B. nicht so, wie er ist. Alle wollen*
*nur sein Bestes, doch dem Betroffenen wird nie bestätigt, dass er*
*gut sei, so wie er eben ist. Herr B. lernt, sich für diese Ratschläge zu*
*bedanken und zu antworten: »Das wäre eine Möglichkeit. Aber sei*
*mir nicht böse, wenn ich es anders mache.« Erst die Abgrenzung*
*führt dazu, dass er sich weniger gestresst fühlen darf.*

*Ein Beispiel aus meiner Praxis: »Woher kommt die Angst?«,*
*fragt Brigitte C.*

*Frau C., 51 Jahre alt, kommt aufgrund von Schlafstörungen, Angst-*
*und Panikzuständen tagsüber zur psychologischen Beratung. Sie*
*ist eine erfolgreiche Geschäftsfrau, beschreibt sich selbst als glück-*
*lich verheiratet und finanziell abgesichert. Sie sei bereits bei einem*
*Psychiater gewesen, der ihr Angst mildernde Medikamente gege-*
*ben und sie zum Psychologen überwiesen habe. Sie beschreibt,*
*sehr hilfsbereit, strebsam und korrekt zu sein, sie könne sich gegen*
*Verliebtheit anderer Männer gut zur Wehr setzen und gleichzeitig*
*ein angenehmes Leben führen. Sie verstehe überhaupt nicht, was*
*ihr Angst bereiten könne.*

*Die Körperhaltung aber gibt eine weit weniger durchsetzungsfä-*
*hige Frau zu erkennen. Die Dame macht einen sehr ordentlichen*
*und gepflegten Eindruck, zeigt sich in all ihren Bewegungen sehr*
*umsichtig, so, als wolle sie weder etwas schmutzig noch kaputt*

*machen. Die Hände liegen im Schoß gefaltet, sie selbst sitzt meist leicht nach vorn gebeugt im Sessel und lässt dabei den Kopf etwas nach unten hängen. Während auf der verstandesmäßigen Ebene eine finanziell gut situierte, führende Geschäftsfrau mir gegenübersitzt, spiegelt der Körper das Zustandsbild eines in die Jahre gekommenen Schulmädchens wider.*

*Eine genaue Analyse ihres Alltagslebens verdeutlicht, dass Frau C. sämtliche Erwartungen, die sie selbst an sich stellt, erfüllen kann, sie jedoch nicht weiß, wie sie mit der Meinung anderer Menschen umgehen soll. Oft erlebe sie im Alltag peinliche Momente, erzählt sie mir, etwa wenn eine Kollegin mit einer anderen schimpfe oder Situationen auftreten, in denen sie den Frust anderer Menschen höre, jedoch nicht wisse, was sie sagen solle. Ein Kollege habe ihr einmal vorgeworfen, weshalb sie als Chefin eine Mitarbeiterin eingestellt habe, die derart blöd sei und wahrscheinlich nur Geld koste. Warum habe sie nicht eine kompetente Fachkraft ausgewählt, jemanden, der jünger und leistungsfähiger sei als die neue Arbeiterin? Frau C. habe gar nicht gewusst, was sie auf diese Aussage antworten könne, habe jedoch ihren Ärger darüber bemerkt. Sie habe versucht, den Standpunkt ihres Mitarbeiters anzunehmen, zu erklären und zu verstehen.*

*Aus psychologischer Sicht ist es sehr löblich gewesen, sich mit der Befindlichkeit des Mitarbeiters auseinanderzusetzen, jedoch muss Brigitte C. bewusst werden, dass sie im Gespräch mit dem Kollegen ihren eigenen Standpunkt nicht vertreten hat, sondern jenen des sie kritisierenden Mitarbeiters. Es ist ein Merkmal von Kommunikation, dass aufgrund des angeborenen Mitgefühls die Stimmung des Gegenübers übernommen wird, sofern man nicht lernt, sich hiervon durch innere Haltung, ein Wort, durch Mimik oder Gestik abzugrenzen. Derartige Abgrenzung ist in diesem Fall nicht erfolgt. Frau C. hat die Unzufriedenheit, die Spannung des*

*Mitarbeiters einfach übernommen, da sie nicht gewusst hat, was sie darauf erwidern sollte. Die schlichte Aussage »Lieber Herr Kollege, Sie müssen das auch nicht verstehen, sondern nur akzeptieren« ist ihr in dem Moment nicht eingefallen. Sie hätte aber gerne so etwas darauf geantwortet.*

*Die Geschichte zeigt, dass Brigitte C. bereits seit vielen Jahren immer wieder in Situationen geraten ist, in denen sie gerne etwas gesagt hätte, dies jedoch nie tun konnte. Oftmals habe sie sich geärgert und diesem Ärger nie Ausdruck verliehen. Erst nach etlichen Jahren ist bei ihr schließlich jenes Phänomen aufgetreten, wo aus dem nach außen gerichteten Ärger eine gegen sich selbst gerichtete Verstimmung in Form von Angst wird.*

*Das Ziel der Behandlung besteht darin, dass Frau C. lernt, ihren Mitmenschen zu sagen, dass sie einer anderen Meinung ist als diese. Das genügt, um sich ausreichend von den anderen abzugrenzen. Hierdurch ist sie nicht mehr verärgert, wenn Personen in ihrem Umfeld andere Aussagen tätigen, die auf sie kränkend, beleidigend oder respektlos wirken.*

# Das Gefühl entscheidet

*Es gibt keine Grenzen. Weder für Gedanken, noch für Gefühle.*
*Es ist die Angst, die immer Grenzen setzt.*

**INGMAR BERGMAN**

Eine gefühlsmäßige Entscheidung wird oft als eine dem Verstand gegensätzliche empfunden, da Gefühle für das Bewusstsein nicht über dieselbe Klarheit verfügen wie der Verstand. Das bedeutet, dass das Gefühl als Spannung im Körper erlebt wird, mit dem Verstand verbal ausgedrückt werden, jedoch die Ursache eines Gefühls verborgen bleiben kann. Gefühle gelten deshalb – verglichen mit dem Verstand – als unsicher. Ein Gefühl lässt sich auch künstlich erzeugen. Beispielsweise beschreibt eine Frau aus meiner Praxis, sie könne sich genau daran erinnern, geheiratet zu haben, ohne ihren Mann zu lieben. Sie habe die damalige Situation genau vor Augen, wisse noch, welche Musik im Radio während der Fahrt zum Standesamt gelaufen ist, was ihre Eltern und Freunde gesagt haben, und auch, dass sie ganz bewusst die falsche Entscheidung getroffen habe, um nicht mehr emotional leiden zu müssen und künftig keine finanziellen Sorgen zu haben. Um diese Tatsache weiß der logische Verstand. Deswegen ist es schwieriger, sich auf Gefühle zu verlassen, denn der Verstand wertet die Gefühle ab. Selbst die Definition von Gefühlen lässt den Verstand in Schwierigkeiten geraten. Um nur ein Beispiel der Mehrdeutigkeit von Gefühlen zu bringen: Der Satz »Ich habe Hunger« beschreibt ein Gefühl, hinter dem mehrere Bedürfnisse stehen können:

entweder ein körperliches Verlangen nach etwas Essbarem oder aber ein komplett anderer Hunger, etwa nach Liebe, Zuneigung oder sogar nach Wissen und Erlebnis.

## Gefühl als Risikofaktor

Noch nie wurde in der Menschheitsgeschichte ein Gefühl mehr beachtet als gegenwärtig. Man differenziert zwar auch bei Gefühlen zwischen einer Grundstimmung und einer momentanen Befindlichkeit, weiß jedoch, dass Gefühle in einem Moment entstehen und im nächsten verschwinden können. Dennoch treffen wir Entscheidungen, die unser Leben verstandesmäßig beeinflussen, anhand von Gefühlen. Heutzutage heiraten wir in der Regel aus Liebe und meist nicht aus einer materiellen Abhängigkeit heraus. Wir wählen unseren Beruf aufgrund von Interesse und nicht einzig aufgrund einer guten Verdienstmöglichkeit. Diese Sätze klingen nur wie ein Gegensatz, weil sie sich, historisch betrachtet, voneinander unterscheiden. Denkt man jedoch in Gefühlen, so ist kein wesentlicher Unterschied erkennbar. Auch das Gefühl einer bedrohenden Existenzangst ist ein Gefühl und nicht eine Verstandesentscheidung. Das bedeutet, dass auch die materielle Abhängigkeit aufgrund eines Gefühls entsteht. Nur entscheiden wir uns für etwas und nicht gegen etwas, für die Liebe anstatt gegen die Angst, wie beispielsweise die Entscheidung für eine Ehe zeigt. Doch auch hierbei belegen Untersuchungen, dass Liebe nicht an einen Menschen gebunden sein muss, schließlich kann man sich auch in Geld verlieben. Man entscheidet sich also aufgrund eines Gefühls, selbst wenn man aus einer materiellen Abhängigkeit heraus den Verstand in den Vordergrund stellen möchte. Im Unterschied zu Gedanken sind Gefühle in Form von Spannungen körperlich wahrnehmbar. Sich etwa als Mann für eine Millionärin zu entscheiden, kann also im Körper auch das Gefühl der Entspannung und Harmonie auslösen.

Gefühlsmäßige Entscheidungen erwecken jedoch immer noch den Eindruck der Wankelmütigkeit und verstandesmäßigen Schwäche. Dieser Eindruck entsteht aufgrund der Tatsache, dass Gefühle bereits als Ergebnis eines Prozesses betrachtet werden. Während Gedanken stets einer scheinbaren Entwicklung unterliegen, ist bei Gefühlen die Frage ausschlaggebend: Wohin soll sich das entwickeln? Kann das noch besser werden oder ist das Beste schon vorbei? Am Beispiel der Liebe lässt sich demonstrieren: Verliebt zu sein ist so schön, wohin soll das führen, wenn jene paar Monate, die dieser Traumzustand andauert, vorbei sind? Denn es gibt verstandesmäßig keinen sicheren Weg, dass aus dieser Verliebtheit Liebe wird. Im Gegenteil, der Verstand betrachtet Verliebtsein als einen Zustand der Realitätsverleugnung. »Der wird noch aufwachen, wenn er erkennt, wie faul seine Frau ist«, beschrieb einst ein Patient seine Ehe mit den Worten seiner Mutter.

Kann ein gutes Gefühl noch besser werden? Oder ist das gute Gefühl nicht das Ziel eines Entwicklungsprozesses? Entscheidungen werden leicht getroffen, wenn das Gefühl im Körper die Empfindung der Harmonie und Erleichterung auslöst. Die Entscheidung für oder gegen etwas ist eine momentane. Die Frage, ob ein Gefühl noch besser werden kann, zielt auf einen längerfristigen Prozess ab. Eine verstandesmäßig getroffene Entscheidung ist eine prozessorientierte, eine, die zahlreiche Schlussfolgerungen von Wenn-dann-Überlegungen beinhaltet. Für jemanden, der ganz er selbst bleiben möchte, ist es wesentlich, im Moment zu leben und sich damit auf das Gefühl des

Augenblicks einlassen zu können. Der Verstand ist zukunftsorientiert und stellt damit eine Beziehung mit Menschen oder Dingen wie zum Beispiel Geld in der Zukunft her. Das Gefühl stellt die Beziehung in einem Moment dar und lässt jede Entwicklung offen. Diese Offenheit kann als Risiko interpretiert werden. Risiko als Gefühl wird im Körper als schwer auszuhaltende Spannung empfunden. Deswegen ist es leicht möglich, Entscheidungen, die aufgrund eines Gefühls getroffen werden, zu kritisieren, abzuwerten oder als lächerlich zu betrachten.

*Ein Beispiel aus meiner Praxis: Andrea S. wird von ihrer Mutter kritisiert*

*Andrea S., 36 Jahre alt, kommt stark verunsichert in meine Praxis. Sie gibt an, dass sie vor Kurzem geheiratet habe, sie ihren Mann über alles liebe, dieser jedoch aus Sorgen immer wieder trinke. Frau S. berichtet ferner, dass sie dieses Problem ihrer Mutter anvertraut habe. Sie habe gehofft, von ihrer Mutter Trost zu erhalten und Möglichkeiten zu erfahren, wie sie diese schwierige Situation gut überstehen könne. Anstatt ihr jedoch unterstützend zur Seite zu stehen, sei die Mutter dazu übergegangen, ihren Schwiegersohn zu kritisieren. Kein einziges Mal sei über eine konstruktive Lösung gesprochen worden, sondern lediglich darüber, welches Unglück die Familie aufgrund seines Alkoholkonsums zu ertragen habe. Dies habe dazu geführt, dass nun besonders an Feiertagen wie Weihnachten oder Ostern sowie beim Geburtstag eines Familienmitgliedes starke Spannungen in der Familie herrschten und die Feste kaum noch harmonisch verlaufen könnten, wenn sich die Familie treffe. Kritisiert wird vor allem die Liebe der Tochter zum Schwiegersohn und die Entscheidung zur Ehe mit diesem. Durch Äußerungen wie »Das war mir von Anfang an klar« oder »Den hättest du sowieso nie heiraten dürfen« habe die Mutter ihrer Tochter gegenüber diese Problematik bewertet.*

*Frau S. hat nun nicht mehr nur das Problem, dass sie nicht weiß, wie sie mit dem Alkoholkonsum des Mannes umgehen soll. Hinzu gesellt sich noch jenes, dass sie selbst als Ehefrau ihren »eigenen« Mann vor anderen schlechtgemacht hat. Ein harmonisches Zusammenleben gestaltet sich daher als überaus schwierig.*

*Die Hauptfrage von Andrea S. lautet: Wie kann ich mit dieser Kritik umgehen, und zwar sowohl mit jener meiner Mutter als auch mit dem Vorwurf meines Mannes, das Problem nach außen zu tragen? Aus psychologischer Sicht ist es wichtig, Verantwortung nicht nur dafür zu übernehmen, was man richtig getan hat, sondern auch dafür, was man hätte anders oder besser machen können. Hier muss das Gefühl, das hinter diesen Entscheidungen steht, beachtet und auch besprochen werden. Oft nämlich stellt nicht das, was man tut, das eigentliche Problem dar, sondern das Gefühl, das einen dazu treibt, etwas zu tun. Besonders der Umstand, dass der Ehemann seiner Frau vorwirft, das Problem nach außen zu tragen, macht es notwendig, immer wieder darauf hinzuweisen, dass sie sich als Ehefrau von ihrem Mann nicht alleingelassen fühlen möchte. Dieses Gefühl muss beachtet werden.*

*Das Alkoholproblem des Gatten zeigt dieselbe Dynamik: Nicht der Genuss alkoholischer Getränke bildet das Problem, sondern jenes Gefühl, das erst zum Trinken verleitet. Letzteres muss besprochen und analysiert werden.*

*Die Ehefrau muss somit lernen, auch zu den gefühlsmäßigen Entscheidungen ihres Gatten zu stehen und sie zu verteidigen. In dem Fall könnte sie auf die Vorwürfe der Mutter antworten: »Es hilft überhaupt nichts, wenn du den Mann, den ich liebe, auch noch kritisierst. Sag mir lieber, wie ich ihm helfen kann, den Druck ohne Alkohol loszuwerden.«*

*Die große Schwierigkeit an der Kritik seitens der Mutter besteht vor allem darin, dass diese auf der Ebene des Verstandes recht hat.*

*Es tut weh, dabei zusehen zu müssen, wie sich ein Mensch – hier das eigene Kind – in jemanden verliebt, der ihm nicht guttut. Dennoch wird durch die Kritik sowie die Richtigkeit des Verstandes – der logisch argumentiert, dass das Kind vom Ehemann nicht immer gut behandelt wird – die Liebe abgewertet und damit auch die Entscheidung der Person für diese Ehe. Die jung verheiratete Frau muss sich also nicht nur kritisiert, sondern klein gefühlt haben und damit lächerlich und nicht ernst genommen. Solche Gefühle entstehen nicht, weil die Mutter so gemein ist, sondern weil sie nicht bedenkt, dass sie durch ihr Rechthaben der Tochter eine Schuld zuweist. Sie übersieht, dass ihre Tochter nicht fragt, wer Schuld daran hat, sondern, was helfen kann. Eine richtige, nicht kleinmachende Antwort der Mutter wäre eine gütige, etwa diese: »Au, da hast du's aber schwer. Was überfordert deinen Mann denn so?« Nur nach einem solchen Satz kann sich die Tochter öffnen und wirklich erzählen, woran es zu Hause eigentlich krankt. Der Alkoholismus des Schwiegersohnes ist nämlich nicht das Problem selbst, sondern die Folge eines Problems, das mit Alkohol gelöst wird. Über das Problem will aber oft niemand wirklich sprechen.*

*Jeder, der eine gefühlsmäßige Entscheidung trifft, läuft Gefahr, aufgrund dessen kleingemacht zu werden. Der Verstand gilt als Gegenspieler des Gefühls – als richtig und groß. Es ist also bei dieser Art von Entscheidungen auch mitzubedenken, wie man zu seinen Entscheidungen stehen kann. Nur so lässt sich vermeiden, dass man von anderen Menschen gekränkt wird, wenn diese einen richtigen oder falschen Kommentar dazu abgeben.*

# Das Leben als Wunschkonzert?

Es gibt viele Dinge im Leben, die man tun muss, und es ist nicht Ziel des Buches, die vorhandenen gesellschaftlichen Strukturen infrage zu stellen. Ob und wie viel wir arbeiten müssen, ob Arbeitslosigkeit richtig oder falsch ist … all das spielt keine Rolle, denn unabhängig davon, ob diese Dinge richtig oder falsch sind, ist es für die Entwicklung der eigenen Persönlichkeit nicht wesentlich. Weshalb? Weil es darum geht, wie man innerhalb dieser Struktur Möglichkeiten findet, Beziehungen zu schließen und seine Grundbedürfnisse derart zu erfüllen, dass man sagen kann: Herz und Kopf bilden eine Einheit.

Weshalb dieser pragmatische Ansatz? Weil die permanente Beschäftigung mit dem Widerstand gegen vorhandene Strukturen derart viel Energie kosten kann, dass man Gefahr läuft, sich zu verlieren – etwa aufgrund der Verpflichtung, acht Stunden täglich zu arbeiten, um ein selbstständiges Leben führen zu können. »Wofür acht Stunden?« oder »Wofür eine Hierarchie?« oder »Wofür ein Großraumbüro?«, könnte man fragen. Man könnte logisch argumentieren und mit dem Chef reden: »Zu Hause bin ich kreativer, dieselbe Leistung kann ich in vier Stunden bringen« – »Es lohnt nicht, so weit zu fahren«. Die Antwort könnte lauten: »Das Leben ist kein Wunschkonzert, geh einfach arbeiten!«

Ebenso verhält es sich mit zwischenmenschlichen Beziehungen in der Arbeit. Darüber, wie Machtverhältnisse verteilt werden und wie Menschen aufgrund der vorhandenen Strukturen damit umgehen, ließe sich ebenfalls diskutieren. Die pragmatische Antwort lautet wiederum: »Du musst dort nur arbeiten und nicht heiraten.« Oder: »Denk doch nicht so viel über die Kollegin nach, konzentriere dich lieber auf die Arbeit.« Und auch der Verstand antwortet auf diese Probleme logisch: »Du brauchst Geld, vergiss die anderen.«

Diese Art, Gefühle zu verharmlosen und wegzurationalisieren, kann dazu führen, rasch eine narkoseartige Müdigkeit zu entwickeln, die einen kaum weiterarbeiten lässt. Man wird ungeduldiger, unfreundlicher und Unzufriedenheit macht sich bemerkbar. Um die Notwendigkeit, Geld zu verdienen und daher arbeiten zu gehen, akzeptieren zu können, muss dieser Umstand als unabänderliche Tatsache betrachtet werden. Gleichzeitig muss man beginnen, sich selbst auch so zu lassen, wie man ist – ebenfalls als Umstand, den man nicht ändern muss. Um auf sich zu achten und sich selbst ernst zu nehmen, darf man zu sich selbst sagen: »Das Leben *ist* ein Wunschkonzert!« Gefühle und Hoffnungen darf man sich nicht nehmen, weil von beiden Energie ausgeht. Eigene innere Spannungen lassen sich nicht dadurch lösen, indem äußere Strukturen oder Gegebenheiten verändert werden. Dies erfordert eine emotionale Loslösung von den gegebenen Denkstrukturen, was dazu führt, eine Identität aufzubauen, die unabhängig davon ist, was man tut und wo man sitzen muss.

*Ein Beispiel aus meiner Praxis: Die gemobbte Sekretärin Sandra R.*

*Sandra R., 49 Jahre alt, die als Sekretärin arbeitet, sucht mich zur psychologischen Beratung auf. Sie leidet unter massiven*

*Schlafstörungen, Weinkrämpfen, permanenten Gedanken an die Arbeit sowie der Hoffnungslosigkeit, ihren Kolleginnen ausgeliefert zu sein. Im Gespräch schildert sie mir ihre berufliche Lage. Sie arbeite in einer Firma als eine von drei Sekretärinnen, unter denen eine streng hierarchische Struktur herrsche: Nummer eins unterstehe unmittelbar dem Chef, Nummer zwei und drei hingegen der direkten Sekretärin des Chefs. Jahrelang habe sie als Nummer drei zusammen mit Kollegin Nummer zwei gegen die Schikanen von Nummer eins gearbeitet. Aufgrund der zahlreichen Gemeinheiten der Chefsekretärin hätten sie beide viel geweint. Vor wenigen Wochen sei Nummer eins in den Krankenstand gegangen und Nummer zwei daher nun ihre direkte Vorgesetzte. Plötzlich, so berichtet Frau R., wäre diese Kollegin, mit der sie jahrelang gemeinsam gegen Nummer eins gekämpft habe, genauso gemein wie diese. In ihr sei eine Welt zusammengebrochen. Sie könne nicht mehr arbeiten, ja, sie wolle nicht mehr arbeiten, aber sie brauche das Geld. Sie ärgere sich auch über den Chef, der sie nicht unterstützt habe. Schon vor Jahren habe sie auf das Problem hingewiesen, er freilich habe damals nichts unternommen. Genauso wenig kümmere er sich jetzt um die prekäre Lage.*

*Aus psychologischer Sicht zeigt sich das Problem in dem Umstand, dass Sekretärin Nummer drei jener Sekretärin, die nun die Chefin spielt, die Macht gibt, sich wohlzufühlen. Ihr wurde mitgeteilt, dass aus psychologischer Sicht ein Mensch nur dann gemein und kleinmachend ist, wenn er sich selbst klein fühlt. Es scheint, als würde sich die derzeitige Nummer eins dem Chef gegenüber derart klein fühlen, dass sie nun diesen Umstand zu spüren bekomme.*

*Ich habe mit der Patientin Folgendes vereinbart: Sie solle ausprobieren, sich einen Tag lang nicht über die Respektlosigkeiten ihrer Kollegin zu ärgern, gleichzeitig aber nicht in die Opferrolle*

*zu schlüpfen. Ebenso wenig dürfe sie eine Art von Zynismus ent-*
*wickeln. Bereits nach wenigen Wochen fühlt Frau R., dass ihre*
*Müdigkeit weniger geworden ist.*

*Sandra R. geht weiterhin arbeiten und das respektlose Ver-*
*halten von Kollegen wird ihr tatsächlich egal. Sie denke nun*
*vielmehr an zu Hause und was sie nach dem Job im Büro noch*
*tun wolle. Die Kollegin habe sich nicht verändert, aber sie tue*
*ihr nun wirklich leid, schließlich wisse sie jetzt: Die muss sehr*
*unglücklich sein …*

## Über den Umgang mit Geld

Für die Entscheidung »Herz oder Kopf?« ist es auch wesentlich, zu berücksichtigen, was man im täglichen Leben braucht –
nämlich Geld. Geld stellt eine Möglichkeit dar, die Grundbedürfnisse des Lebens zu decken sowie anderen zu zeigen, wer
man ist. Innerhalb der Gesellschaft lebt niemand für sich allein,
sondern jeder Einzelne vergleicht sich mit seinen Mitmenschen.
Innerhalb der Gesellschaft bezieht jeder von uns für sich Position. Diese erreicht er durch soziale Vergleichsprozesse. Das
Selbstbild und der Selbstwert hängen mit jenen Prozessen zusammen. Das bedeutet: Verdient jemand verglichen mit anderen Menschen wenig, erlebt er sich als kleiner, also weniger
mächtig als andere. Vonseiten anderer Menschen erfolgt ebenfalls eine Einschätzung. Wird man von ihnen als wenig verdie-
nend eingeschätzt, erlebt man sich ebenfalls als unterlegen, als
weniger wert insofern, weil der unterbliebene Gruß etwa als
Ausdruck von geringer oder gänzlich fehlender gesellschaftli-
cher Bedeutung empfunden wird. Das heißt also, dass sich die

anderen nicht als besser einschätzen, sondern lediglich als etwas mächtiger, da diese im Gegensatz zur Vergleichsperson über mehr Möglichkeiten verfügen, all jene Dinge zu konsumieren, die angeboten werden.

Umgekehrt verhält es sich genauso. Wird jemand von anderen als Großverdiener eingestuft, erhält er dadurch eine Position in der Gesellschaft, die diesen Wert widerspiegelt. Beispielsweise wird diese Person zuvorkommend gegrüßt, freundlich empfangen, um Hilfe oder Rat gebeten und anderes mehr.

Die Tatsache, dass wir Geld als eine Form der Wertschätzung und als Möglichkeit eines Austausches gewählt haben, kann man als gut oder als schlecht bewerten. Wesentlich ist aber, diese Vergütung nicht zu ignorieren. Ob gewollt oder nicht, Geld ist mehr als eine Form der Wertschätzung, es bestimmt oft den Selbstwert und die Identität. Um die als wertvoll erachtete Position innerhalb der Gesellschaft einnehmen zu können, ist es daher möglich, sich diese Position durch Geld zu verdienen. Daraus folgt, dass man jene (Lebens-)Zeit, die einem auf Erden zur Verfügung steht, in Arbeitszeit umwandelt. Dafür ermöglicht einem das Geld, das verstandesmäßig erarbeitet werden muss, somit in der Freizeit, die Herzensangelegenheiten zu erfüllen. Je mehr man bei der Erfüllung der Bedürfnisse, die hier entstehen, auf Geld angewiesen ist, desto weniger kann man zwischen Herz oder Kopf entscheiden. Ich muss ja arbeiten gehen, um meine Identität aufrechtzuerhalten, argumentiert beispielsweise der Verstand.

Diese Art, sein Leben zu gestalten, bringt die Gefahr mit sich, dass tatsächlich der Eindruck entsteht: Ohne Geld kein Leben. In einer Zeit, in der sowohl die Armut als auch die Arbeitslosigkeit ansteigen, ergibt sich hieraus die Notwendigkeit, den eigenen Wert von seinem Konto unabhängig zu machen. Betrachtet man Geld aus psychologischer Sicht, so lässt sich der

Umgang damit ähnlich wie in einer Beziehung als eine Form des Gebens und Nehmens interpretieren. In Mitteleuropa erkennt der Staat den Wert des Menschen an, indem Arbeitslose finanziell unterstützt werden. Dennoch fällt es Betroffenen, die diese Art der Unterstützung in Anspruch nehmen müssen, schwer, ein stabiles Selbstbild zu erhalten, ohne in Depressionen, vermehrten Alkoholkonsum oder Aggressionen zu verfallen.

## Über den Umgang mit Liebe

*Freiwillige Abhängigkeit ist der schönste Zustand,*
*und wie wäre der möglich ohne Liebe!*
JOHANN WOLFGANG VON GOETHE

Seine eigenen Entscheidungen zu treffen bedeutet, andere Menschen nicht als Feinde zu betrachten, ihnen nicht die Schuld an unerfüllten Wünschen zu geben. Menschen, die man liebt, stehen einem emotional sehr nahe. Diese Nähe zum geliebten Menschen macht es leicht, ihm zu sagen, was man selbst vom Leben erhofft und erwartet, aber auch, was man sich von seinem Gegenüber erhofft und erwartet. Je näher man sich kommt, desto leichter wird man gekränkt oder fühlt sich unter Druck gesetzt von den Hoffnungen und Erwartungen dieses Menschen.

Immer wieder habe ich mit Frauen und Männern zu tun, die berichten, den falschen Partner geheiratet zu haben. Zu Beginn wäre die Liebe groß gewesen, doch dann hätte der Partner sein wahres Gesicht gezeigt. Aus Liebe erlaubt man sich, den anderen Menschen zu kränken, um in der eigenen Wahrheit leben zu können – und dafür empfinden wir es wichtig, dem anderen ehrlich zu sagen, was wir wollen und was nicht. Ehrlich zu sich selbst zu sein bedeutet tatsächlich, seine eigenen Gefühle wahrzunehmen und sie nicht verdrängen oder wegerklären zu wollen.

Doch den eigenen Willen auch dem geliebten Menschen aufzudrängen, nimmt der Liebe ihre Freiheit und Bedingungslosigkeit. Wie kann es gelingen, den anderen geliebten Menschen nicht mehr als Gegner zu erleben, wenn dieser eine gegensätzliche Meinung vertritt? Man stellt zunächst fest: »Hoppla, ich fühle mich unwohl und dem Partner gegenüber klein.« Dieses Gefühl kann man so lange beobachten, bis ein anderes Gefühl oder ein anderer Gedanke entsteht, nämlich jener: »Muss das so sein?« Erst dann kann man daran gehen, dieses Gefühl zu verändern, sofern man sich nicht entschließt, den Partner zurechtzuweisen. Fühlen bedeutet nicht, einer Situation hilflos ausgesetzt zu sein, sondern eine Situation einzuschätzen und zu bewerten. Bewerten ist ein aktiver Prozess. Somit kann man sich entscheiden, etwas nicht abzuwerten, sondern, respektvoll beziehungsweise romantisch ausgedrückt, mit Liebe zu ertragen. Im Falle des Sich-klein-Fühlens dem geliebten Partner gegenüber würde dieses Gefühl folgendermaßen verändert werden können: Sobald ich ihn sehe, spüre ich die Sorge »Ich hoffe, es geht ihm gut« oder »Ich hoffe, er weiß, was er tut, denn er möchte mich nicht unter Druck setzen, nur weil ich anderer Meinung bin«.

Bei der Entscheidung »Herz oder Kopf?« steht das Herz symbolisch für die Liebe. Man muss lernen, mit dem Herzen zu lieben, denn der Verstand kann Liebe nicht erfassen. Besonders in einer Liebesbeziehung ist es wichtig, nicht erfüllte Bedürfnisse oder nicht verstandene Bedürfnisse keineswegs als Kränkung zu erleben, sondern diese ebenfalls als eine Form von Unzufriedenheit anzusehen, die mit einem selbst zusammenhängt. Die Bedürfnisbefriedigung durch den Partner heißt nicht, dass jener die Verantwortung dafür trägt. Eine Liebesbeziehung ist etwas Dynamisches und Prozesshaftes.

Dabei können drei große Hindernisse im Weg stehen: erstens – der Verstand; zweitens – das Gefühl; und drittens – der andere Mensch. Denn sich selbst treu zu bleiben, kann für mein Gegenüber oder den Partner bedeuten, dass dieser sich selbst nicht treu bleibt – ebenfalls aus Liebe. Zumindest auf den ersten Blick wirkt das so. Damit dies nicht passiert, müssen sich in einer Beziehung beide dafür entscheiden, die Begriffe »Freiheit« und »Identität« neu zu definieren. Bis zu der Zeit nach der Pubertät definiert sich jeder durch Abgrenzung, also Nein zu sagen, Widerstand zu leisten sowie durch den Wunsch, dazugehören, schön, stark oder gescheit sein zu wollen. Erst wenn man sich für die Liebe entscheidet, lernt man, etwas Neues in seinem Leben zuzulassen, etwas, das komplett anders ist. Erst ab diesem Zeitpunkt muss man nicht mehr wo dazugehören, Ja oder Nein sagen etc. Dafür muss man aber lernen, sich für etwas zu entscheiden. Dann erst kann man seinen eigenen Weg gehen, seinen ganz persönlichen (Lebens-)Stil finden. Entscheiden wofür? Am besten dafür, wo man das Gefühl oder die Ahnung hat: Das bin *Ich*.

Um diese Spannung der Unzufriedenheit zunächst wahrzunehmen und am ehesten zu lösen, ist es wesentlich, der scheinbaren Respektlosigkeit des liebenden Partners keinen Widerstand zu bieten. Zunächst gilt es zu klären, wie der Partner die Situation einschätzt, was er sich denkt, ob er die Gefühle ernst nimmt oder nicht. Das Verhalten des Partners als respektlos einzustufen bedeutet zu vermuten, dass dieser absichtlich etwas nicht ernst nimmt. Allein diese Annahme steht an sich im Widerspruch zu einer Beziehung. Deswegen muss man sich selbst immer wieder in Erinnerung rufen, dass ein Streit darum entsteht, weil einem etwas am anderen liegt. In der Liebe darf man sogar so weit gehen, sich selbst zu fragen: Ist es von mir respektlos, wenn ich dem anderen vorwerfe, er sei respektlos?

Sich für etwas zu entscheiden, wo Liebe eine Rolle spielt, heißt, die Identität nicht zu verstärken, indem man sich abgrenzt oder wo dazugehören möchte. Sich für einen Menschen bedingungslos zu entscheiden bedeutet, alle anderen Identitäten hintanzustellen. Für niemanden kann man dann der gute Freund oder auch der Böse sein, der schuld an etwas ist. Natürlich kann man sich auch entscheiden, Freundschaften zu pflegen und mit Freunden Probleme zu diskutieren, jedoch ist der Partner, für den man sich aus Liebe entscheidet, die Hauptbezugsperson, gegen die kein anderer etwas sagen darf. Jede Kritik am Partner würde bedeuten, sich in der Partnerschaft untreu zu werden. Eine für den reinen Verstand lächerliche und unklare Behauptung, die sich jedoch stimmungsmäßig auf eine Beziehung auswirken kann. Natürlich weiß der Partner nicht, was man mit Freunden bespricht, jedoch nimmt man die Einstellung von Freunden gerne an. Sind jene also gegen die eigene Partnerin oder den Lebenspartner, so wird diese Stimmung unbewusst mit nach Hause genommen. Dort führt sie unter Umständen zu Missverständnissen und Spannungen.

Dieses Phänomen mündet in die Frage: Was soll man denn mit Freunden besprechen? Darf man nun erzählen, dass man beispielsweise zu Hause alles für den Partner machen muss, bis zum Extremfall, nämlich von ihm geschlagen zu werden? Oder dass der Partner zu Hause trinkt? Die Antwort hierauf liegt in der Einleitung: sich für die Liebe entscheiden und ihr treu bleiben. Für jemanden, der in einer Beziehung unfrei ist oder der tatsächlich geschlagen wird, ohne es zu wollen, zeigt dieses Problem, dass man sich für etwas entschieden hat, wo man sich selbst nicht mehr treu bleiben kann. Diese Umstände muss man sogar seinen Freunden und Bekannten erzählen, ohne schlechtes Gewissen zu verspüren, den Partner zu verraten. Es muss jeder für sich mit anderen klären, wie sich alles, das als unfrei erlebt wird, verändern lässt. Mit sich selbst kann man Dinge nur erdulden oder ertragen lernen.

Grob gesprochen: Wenn Sie sich freiwillig dafür entscheiden, dass Ihr Partner Sie jeden Abend im Keller fesselt und Ihnen eine Banane schält, geht es Ihre Freunde nichts an, denn Sie leiden ja nicht darunter. Passiert aber irgendetwas unfreiwillig und Sie haben nicht die Möglichkeit, sich mit Ihrem Partner für ein anderes Leben zu entscheiden, ist es ratsam, Freunde hinzuzuziehen.

Die Schwierigkeit, sich entweder für den Verstand, für das Gefühl oder für einen anderen Menschen zu entscheiden, sowie der Einfluss von anderen Menschen machen uns schwach und verletzlich – verletzlich im Sinne von beeinflussbar durch unterschiedliche Meinungen. Im Folgenden wird erläutert, wovon wir uns beeinflussen lassen und welche Entscheidungshilfen herangezogen werden können.

## Entscheidungshilfe Mensch

Die Entscheidung zwischen Herz oder Kopf beziehungsweise Gefühl oder Verstand ist heutzutage so wichtig, da wir erkennen, dass das objektive Wissen für unseren Alltag nicht immer richtig sein muss. Die größte Entscheidungshilfe bieten andere Menschen. Stark vereinfacht gesagt könnte heutzutage jeder Mensch, sofern er des Lesens kundig ist, sich selbst behandeln. Dr. Google schlägt Behandlungen für beinahe jede Erkrankung vor. Dennoch gehen wir zu Ärzten, deren Wissen von ihrer Persönlichkeit geprägt ist und übermittelt wird. Jeder, der unsicher ist, fragt einen Freund oder eine Freundin um Rat. Gemeinsam wird abgewogen, was für oder gegen eine Entscheidung spricht. Doch auch bei der Unterstützung von Freunden wird bereits entschieden. Jeder, der seine Freunde kennt, weiß, wie diese denken. Hierdurch lässt man sich bewusst oder unbewusst beeinflussen. Um Sicherheit zu erlangen, trachtet man danach, ein Gefühl zu entwickeln oder zu verstärken. Dies erfolgt in vielen Lebensbereichen. In der Erziehung suchen wir etwa Rat bei Menschen, denen wir Wissen zutrauen.

Wir versuchen, allgemeingültiges Wissen zu erwerben, um eigene Entscheidungen zu rechtfertigen und mit einem guten Gefühl zu treffen. Noch vor hundert Jahren dachte man zum Beispiel, dass Aggression ein menschlicher Trieb wäre, der unterdrückt werden könnte. Solche Gedanken haben dazu geführt, dass Eltern ihre Kinder in bester Absicht geschlagen haben, um den Kindern Aggressionen auszutreiben. Oder die Gedanken, dass Kinder mindestens eine halbe Stunde lang schreien sollen, um ihrer Lunge etwas Gutes zu tun, haben bewirkt, dass viele Kinder ohne menschliche Zuwendung schreien durften. »Lasst ihn allein schreien, das ist gut für die Lunge«, wurde Eltern von Fachleuten vermittelt, die zu ihren Kindern gehen wollten, um nach dem Rechten zu sehen, denn jeder hat bemerkt, dass allein menschliche Zuwendung ein Kleinkind beruhigen konnte.

# Entscheidungshilfe Wissen

Die Wissenschaft steht vor dem Problem, den Wert, den Grund und den Sinn eines Lebens nicht erklären zu können. Die Wissenschaft selbst kann als Beispiel herangezogen werden, um diesen Widerspruch aufzuklären: Wissenschaft als Prozess des Erkennens. Erworbenes Wissen und Erkenntnisse werden anhand von Logik und anderen Erklärungsmodellen vermittelt. Der Prozess des Erkennens selbst gilt als sinn- und wertvoll, das wird wohl keiner bestreiten. Das Streben des einzelnen Wissenschaftlers, selbst der Drang, einer Frage nachzugehen, sind mit Logik nicht mehr nachvollziehbar. Außer der Sinn des Lebens wird darin gesehen, zu erkennen beziehungsweise sich erkennen zu geben. Das ist die Intention menschlichen Verhaltens: erkannt zu werden.

Bei der Frage, was den Menschen antreibt, benötigt man unabhängig von den Inhalten Bestätigung und auf jeden Fall irgendeine Art von Zustimmung, egal für welches Thema man sich interessiert. Bei sämtlichen Themen lässt sich sowohl zwischen Richtig und Falsch als auch zwischen Gut und Böse unterscheiden. Es gelingt uns, zwischen dem, was generell als böse angesehen wird, und dem, was tatsächlich böse ist und anderen Menschen schadet, zu differenzieren. Als gut wird alles betrachtet, was dem eigenen oder einem anderen Körper guttut; im Gegensatz dazu gilt als böse, was einem selbst oder jemand anderem schadet. Bei Richtig und Falsch stellt sich zusätzlich die Frage: angenehm oder unangenehm? Ein Beispiel aus meiner Praxis verdeutlicht diese Problematik.

*Ein Beispiel aus meiner Praxis: Mutter will entscheiden*

*Tanja W. entscheidet sich, anstatt des Ballettunterrichtes drei Mal in der Woche ein Cheerleader-Training zu besuchen. Ihre erzie-*

hungsberechtigte Mutter lehnt am stärksten diesen Tausch ab und kommt zu mir in die Praxis. Ab der zweiten Sitzung bringt sie ihre Tanja zur Beratung mit. Diskutiert wird vor allem die Frage, ob sich die Tochter, die bereits 15 Jahre alt ist, damit selbst oder auch ihrer Mutter schade. Schaden deswegen, da Letztere ja nicht den Cheerleader-Unterricht befürworte. Denn der Cheerleader-Unterricht stellt für die Mutter eine deutliche soziale Positionierung dar, mit der sie sich nicht identifizieren kann.

Die Diskussion zeigt die Mehrdeutigkeit von Gefühlen auf. Gefühle sind angenehm und unangenehm, werden aber auch als richtig und falsch und damit als guttuend gegenüber schadend interpretiert. Aus psychologischer Sicht soll der Mutter vermittelt werden, dass das Verhalten ihrer Tochter für sie zwar unangenehm sein könne, dass hierbei jedoch für die Mutter kein Schaden entstehe. Die Tochter hingegen empfängt die Botschaft, dass sie der Mutter zuliebe nicht etwas aufgeben müsse, das sie selbst für gut halte. Wichtig ist dabei auch, herauszufinden, ob die Entscheidung richtig oder falsch sein könne.

Die Debatte legt schließlich offen, dass nicht Cheerleading an sich das Problem darstellt, sondern dass die Bedeutung des Sportes in diesem Fall darin liegt, etwas zu tun, was der Tochter das Gefühl der Eigenständigkeit gibt. Dies freilich hat die sehr fürsorgliche Mutter anfangs so aufgefasst, dass die Tochter etwas gegen ihren Willen durchsetzen wolle. Das eigentliche Problem besteht darin, dass Tanja W. erstmals eine eigene Entscheidung trifft, die von der Mutter nicht gutgeheißen wird. Diese Situation ist neu und für die Mutter schwer zu ertragen.

Um Zustimmung von zumindest einem Menschen zu erhalten, ist es essenziell, wenigstens nicht als schlecht eingestuft zu werden. Die Wissenschaft als reiner Erkenntnisprozess positioniert sich jenseits von Gut und Böse. Die Wissenschaft an sich kann ebenfalls nicht als falsch eingestuft werden, lediglich die Frage, wie mit dem Wissen anschließend umgegangen wird und wer für das Wissen bezahlt.

Bei Entscheidungen im Alltag hilft das als richtig und frei eingestufte Wissen wesentlich. Besonders, wenn es um einen gesunden Lebensstil geht. Wir wissen etwa, dass Vitamine an sich gesund sind. Firmen können dieses Wissen verwenden, indem sie die gesundheitsfördernden Stoffe in Form von Getränken, Snacks oder anderen Präparaten verkaufen und mit jenem Potenzial werben. Es existiert ebenso Wissen darüber, dass der menschliche Körper eine gewisse Anzahl an Vitaminen vertragen kann, und auch, dass Vitaminträger neben Vitaminen auch andere gesunde Stoffe beinhalten, wenn man beispielsweise an einen Apfel denkt. Es hat sich freilich gezeigt, dass interessanterweise auch die Gesundheit ihre Grenzen hat. Ein Smoothie als Getränk, in dem dreizehn Himbeeren, fünf Erdbeeren, eventuell zwei Kiwis und zwei Äpfel enthalten sind, gilt aufgrund dieser Inhalte als gesund. Das Wissen, dass man einen Smoothie in wesentlich kürzerer Zeit zu sich nehmen kann, verglichen mit der Zeit, die man benötigt, um diese Inhalte in Form von frischem Obst zu essen, wird jedoch nicht mitverkauft. Ebenso bleibt das Wissen, dass man hierdurch seiner Leber mehr schaden kann als durch Alkohol, unerwähnt. Eine plötzliche Fructose-Intoleranz gilt nicht mehr als Folge einer »bösen« Verkaufsstrategie, sondern wird als Produkt der Eigenverantwortung, als »selber schuld« deklariert. Tatsächlich ist man selbst schuld daran, sofern man die Verantwortung für sein Handeln abgibt und sich nicht ausreichend darüber informiert, was einem angeboten wird. Dieser Umstand kann leicht vergessen werden.

Die Entwicklung des Prinzips »Wie werde ich *Ich*?« macht sich das selektive Wissen sehr oft zunutze. Jener, der dies anwendet, steht immer als der Klügere da, denn er verfügt ja auch über jenes Wissen, das er nicht weitergibt. Der Gegenspieler in solchen Partnerschaften, wie zum Beispiel ein Käufer, ein Patient, ein Anwender eines Gerätes, wird so zum Schuldigen seines eigenen Schicksals gemacht. Ein Patient ist dann selbst schuld, wenn er sich falsch verhält und infolgedessen eine medizinische Komplikation auftritt. Die Freiheit und Eigenverantwortung sind zweifellos wertvoll, jedoch darf nicht vergessen werden, das hierfür notwendige Wissen zu vermitteln.

Doch die Wissenschaft ist frei. Jemand, der sich von der Weitergabe von eingeschränktem Wissen (und dazu zählt auch das Nicht-Wissen) abhängig macht, macht sich hierdurch ebenfalls unfrei, ohne dies zu bemerken. Doch auch viel Geld verdienen kann einen hohen Preis haben, in diesem Fall den Preis der Freiheit. Die Identität wird hierdurch unfrei und der Mensch in seinem Wesen daher ebenfalls. Folglich strahlt er aus, von etwas angetrieben zu werden, und er deutet an, dass etwas hinter seinem Verhalten steht. Eine ausgeglichene, große und freie Persönlichkeit kann die Wissenschaft frei existieren lassen und damit auch zugeben, dass das weitergegebene Wissen unvollständig oder sogar schädlich ist.

## Worauf kann ich stolz sein?

Jeder ist ein Teil der Gesellschaft und jeder wird beim Vergleich mit seinen Mitmenschen anders abschneiden. Der Vergleich mit anderen zeigt nicht nur, dass man anders und individuell ist, sondern bringt auch den Wert der eigenen Fähigkeiten im Vergleich ins Bewusstsein. Nur jemand, der sich als gleichwertig empfindet, kann von sich sagen, dass er stolz auf sich ist. All jene Personen, die sich oder andere Menschen abwerten, sind nicht stolz und damit unzufrieden mit sich selbst. Die Forderung, *Ich* zu werden, bedeutet, die richtige Entscheidung im Leben treffen zu können und sich selbst zumindest als entscheidungsfähig zu erleben. Es ist also wichtig, bei all den Defiziten, die man an sich im Vergleich mit seinen Mitmenschen erlebt, allein darauf stolz zu werden, dass man etwas entscheiden darf. Defizite sind Unzufriedenheiten, die aufgrund von Vorstellungen entstehen. Der Glaube, groß, schlank oder sportlich sein zu müssen, führt mitunter dazu, auf sich selbst nicht mehr stolz zu sein und die eigene Entscheidung zwischen Herz und Kopf nicht treffen zu können. Besonders wenn es um die Liebe geht, wird der Verstand eines Mannes, der selbst keinen Grund sieht, auf sich stolz zu sein, sagen: »Diese Frau brauche ich gar nicht erst anzusprechen, die ist viel zu schön für mich.« Das platte und kurze Beispiel soll die Bedeutung zeigen, die jenes Thema hat, wenn es beispielsweise darum geht, Kommunikation mit einem anderen Menschen zu eröffnen.

## Entscheidungshilfe Eltern

Die Entwicklung der eigenen Persönlichkeit und des eigenen Ichs hängt vor allem auch mit den Eltern zusammen. Entscheidend hierbei sind nicht die tatsächlichen Erfahrungen, die man als Kind mit Eltern macht, sondern die eigene Interpretation dieser Erlebnisse. Gerade in der Psychoanalyse wird das Problem besonders deutlich sichtbar. Die Frage, was Erinnern bedeutet, stellt eines der Grundprobleme in der Psychoanalyse dar. Eine Erinnerung kann etwas sein, was tatsächlich erlebt wurde, Erinnern heißt aber auch, etwas zu konstruieren. Durch den Prozess des Erinnerns oder eben Konstruierens ist es möglich, die eigene Vergangenheit (zumindest teilweise) zu verändern.

Die Bedeutung der Eltern liegt vor allem in der Existenz des von Sigmund Freud postulierten Über-Ichs, das auch als Eltern-Ich bezeichnet wird. Dieses Eltern-Ich ist jene Instanz, die dem Ich vorgibt, was als richtig und gut beziehungsweise als böse und falsch gilt. Neben dieser Einteilung können auch die Begriffe wertvoll und wertlos verwendet werden. Das Eltern-Ich funktioniert als einer von drei Gedächtnisinhalten wie eine Art Maßstab, ein Gradmesser, der anzeigt, wie gut oder wertvoll etwas ist. Das heißt nicht, dass man sich im Eltern-Ich daran erinnert, was in der Kindheit alles gut war, sondern es bedeutet, dass diese Instanz auch die Eltern bewertet.

Die Entwicklung der Persönlichkeit beginnt zunächst als Einheit mit der Mutter. Dadurch, dass der Heranwachsende Beziehungen zu gestalten lernt, kann er sich selbst von anderen Menschen erfolgreich abgrenzen. Allmählich entsteht ein Selbstbild, das unabhängig ist von seinen Mitmenschen, bis zu einem gewissen Grad frei, und damit eigenständig und selbstverantwortlich. Diese Freiheit erlebt er besonders intensiv, wenn ihm etwas gelingt oder wenn er sich verliebt. Kaum jedoch steht dieser Mensch vor Problemen oder vor schwierigen Entscheidungen, wo er nicht genau weiß, ob er eher auf den Verstand oder doch besser auf sein Gefühl hören soll, kann cr auf dic Meinung sowie die positive und negative Vorbildwirkung seiner Eltern zurückgreifen.

Deren Einstellung bestimmt also, ob diese Entscheidung getroffen werden kann, oder ob die Eltern auf der Ebene des Eltern-Ichs die Freiheit des Fragenden wieder, wie dies früher in der Kindheit notwendig war, einschränken und versuchen, die Verantwortung hierfür zu übernehmen. Das funktioniert, indem an das Über-Ich appelliert wird: »Das kannst du doch nicht machen«, »Werde endlich erwachsen«, »Was hast du dir dabei gedacht?«. So etwa lauten Ratschläge von Eltern, die es nicht schaffen, ihren Kindern jene Freiheit und Selbstbestimmung zu geben, über die sie selbst verfügen. Der Umgang mit Misserfolg und Problemen kann rasch von einer Mutter oder einem Vater auf das Kind übertragen werden. Was etwa dem Vater nicht gelingt, wird dafür vom Sohn erwartet.

Aus diesem Grund muss reflektiert werden, wie ab dem Erwachsenenalter eine tatsächliche Entscheidungshilfe aussehen kann. Etwas besser zu wissen mag zwar richtig sein, aber es ist ein logisches Wissen, das den Sinn einer Entscheidung nicht erfassen kann. Deshalb wäre eine Lösung auf der Wissensebene für ein fragendes, erwachsenes Kind wahrscheinlich befriedigend. Gelingt dies nicht, entsteht ein innerer Konflikt zwischen der Eltern-Ich-Ebene und der Es-Ebene.

*Ein Beispiel aus meiner Praxis: Mutter und Tochter*

*Die verheiratete Marta M., 37 Jahre alt, kommt mit ihrer Mutter zur psychologischen Beratung. Frau M. möchte, dass sich ihre Mutter, die sie sehr mag, weniger in die Erziehungsfragen der Kinder einmische und besonders Martas Ehemann nicht kritisiere. Ihrem Eindruck zufolge führe sie nämlich eine gute Ehe, sie liebe ihren Gatten über alles. Die Mutter helfe sehr viel, denn der Vater der Kinder müsse arbeiten und sei deshalb, außer an den Wochenenden, keine große Hilfe. Da Marta M. und ihre Mutter viel Zeit miteinander verbringen, übe die Mutter stets scharfe Kritik an ihrem Schwiegersohn. Marta M. beschreibt, dass ihre Mutter eine sehr große Hilfe sei und sie diese nicht missen wolle. Die Mutter jedoch beginne zu kritisieren, was die Tochter mit ihrem Gatten am Wochenende unternehme, denn sie stelle etwa infrage, ob die geplanten Ausflüge und bestimmte Themen des Ehepaares für die Kinder geeignet seien. Längere Autofahrten, unregelmäßiges Essen in Restaurants, Museumsbesuche, welche ihre Mutter als nicht kindgerecht bezeichnet habe – all das führe dazu, dass diese ihre beiden Enkel zum Wochenende am liebsten bei sich habe. Denn Marta M. und ihr Mann wüssten anscheinend nicht, wie man mit Kindern kindgerecht umgehe, beschreibt die Mutter.*

*Die Analyse der Situation freilich zeigt, dass alle Probleme des Ehepaares im Rahmen des normalen Wahnsinns anzusiedeln sind. Damit besteht in psychologischer Sicht auch keinerlei Gefahr, dass einem der Kinder ein emotionaler Schaden entstehen könnte. Deshalb frage ich deren Großmutter, wie denn ihr Alltag so aussehe und was sie am Wochenende unternehme. Es zeigt sich, dass sie ebenfalls verheiratet ist, einen Mann zu Hause hat, einen ehemaligen Alkoholiker, und dass gemäß einer schnippischen Aussage von Marta M. seit Jahren kein Sex mehr praktiziert werde. Die Antworten der Mutter fallen kurz und präzise aus. Erstens: »Was hat das hier zu suchen?« Und zweitens: »Ich hoffe, ihr macht es nicht vor den Kindern.«*

*Daraufhin eskaliert die Situation und es wird immer deutlicher, dass die Mutter von Frau M. ihrer Tochter nicht viel zutraut. Der Vergleich der beiden Lebensstile zeigt, dass die Mutter selbst ein Leben führt, das sie sich für ihre Tochter nicht wünscht. Nicht etwa, weil die Mutter den Vater nicht liebte, sondern weil die Eltern seit Jahren nur mehr als Paar gut funktionierten, also gemeinsam einkaufen oder in die Kirche gingen, aber sonst keine Intimität mehr miteinander hätten.*

*Meine psychologische Beratung zielt in diesem Fall darauf ab, die Mutter davon zu überzeugen, dass sie es dem Ehepaar ruhig zutrauen könne, die Kinder innerhalb des normalen Wahnsinns großzuziehen. Aus psychologischer Sicht gibt es keinen Anlass, die Beziehung von Marta M. mit ihrem Ehemann als schlecht einzustufen. Letzterer wird als arbeitsam, treu und nicht trinkend beschrieben. Die Tatsache, dass es der Mutter schwerfällt, die gelebte Freiheit und Freude der Tochter auszuhalten und nach Hause zu kommen in eine weniger lebhafte, asexuelle Umgebung, wird als Hauptursache der Spannungen angesehen.*

## Das Leben im Spiegel

Jeder Mensch ist ein soziales Wesen und braucht zumindest einen anderen Menschen, der ihm zeigt, dass er gut ist, so wie oder wer er ist. Auch das Zeigen erfolgt entweder mit dem Herzen oder mit dem Kopf. Grob und reduziert formuliert, gibt es nur zwei Möglichkeiten, dem anderen zu zeigen, was ich von ihm halte. Erstens: ablehnend und kleinmachend. Zweitens: akzeptierend und großmachend. Wer jemanden liebt, zeigt ihm auch das abzulehnende Verhalten liebevoll und großmachend. Dies geschieht auf eine Art und Weise, dass man sich nicht dagegen wehrt, was einem da gezeigt wird, indem man etwa als Mann liebevoll die Stimme seiner Frau imitiert und wiederholt, was sie zu ihm gesprochen hat. Jenes Beispiel veranschaulicht, dass wir manchmal lediglich durch das Zeigen, was wir tun, erkennen können, wie wir gesehen werden. Aus dem, was wir tun, leiten wir ab, wie wir sind. Das bedeutet: Sobald ein Verhalten als wertvoll erachtet wird, fühlen wir uns wertvoll. Es wird nicht reduzierend gedacht: »Ah, das kann ich gut!«, sondern man erhält eine Bestätigung für den Selbstwert des gesamten Menschen. Der Vorteil in diesem Schlussfolgern und Bestätigen: Wir können lernen, uns zu verändern.

Das Bedürfnis, erkannt zu werden oder zu zeigen, was man erkennt, geht so weit, dass wir ein regelrechtes Suchtbedürfnis danach entwickeln können, anderen zu zeigen, wie dumm sie sind. Interessanterweise haben sehr viele Menschen das Bedürfnis, zu zeigen, wie wenig liebevoll sie ihre Mitmenschen erleben: wie unwissend, wie unfähig, wie leichtsinnig, wie selbst schuld am Unglück sie wären. Wie oft kann man etwa beobachten, dass ein Autofahrer dem anderen den Stinkefinger zeigt, weil dieser einen anderen Fahrstil aufweist. Wie oft hört man, dass ein Mensch über einen anderen lacht, weil jener etwas nicht beherrscht.

Dieses Nicht-liebevolle-Zeigen nehmen viele zu persönlich oder fühlen sich sofort gekränkt. Je intensiver die Beziehung zu jener Person, die mir etwas nicht liebevoll zeigt, ausfällt, desto kränkender ist der sogenannte Spiegel. Je stabiler man in der Zweierbeziehung steht, desto unabhängiger ist man vom Urteil anderer. Je klarer einem zu Hause gespiegelt wird, wie man ist, desto weniger Bestätigung seitens anderer Menschen benötige ich. Der Umstand beziehungsweise die Problematik des sogenannten Spiegels des anderen, das Bedürfnis, zu zeigen, was das Gegenüber macht, beruht aus meiner Sicht auf dem Verlangen der Seele, erkannt zu werden. Dem anderen zu zeigen, was er macht, kann hilfreich sein, wenn es tatsächlich darum geht, wie jemand die Entscheidungen, die er trifft, ändern möchte. Die Fähigkeit, anderen zu zeigen, wie dumm, fehlerhaft oder gar gesellschaftsschädigend sie sind, befriedigt aber ebenfalls ein seelisches Bedürfnis. Nicht jedoch das des Menschen, dem gezeigt wird, wie dumm er ist, sondern jener Person, die zeigt, wie kompliziert und schlecht der andere ist. Derjenige, der dies aufzeigt, lenkt hierdurch von sich selbst ab. Man kommt gar nicht auf die Idee, zu fragen: Wer zeigt denn da, dass der andere schlecht ist?

Besonders der Umgang mit Wissen und damit mit jenen Menschen, die dieses Wissen vertreten, ist eine spiegelnde Situation, die den Spiegel selbst nicht infrage stellt. Es ist wichtig, sich die Definition des Menschen immer wieder in Erinnerung zu rufen, und vor allem die Tatsache, dass jeder von uns Fehler macht.

## Entscheidungshilfe Biologie – Embodiment

Zu Beginn meines beruflichen Werdeganges wohnte ich einer Diskussion zwischen einem Orthopäden und einem Biologen bei, die sich um den Menschen »Ötzi« entspann. So wie ich die Diskussion verstanden hatte, war etwas mit seinem Hüftgelenk ein klein wenig anders als mit jenen Hüftgelenken von heute. Der Orthopäde meinte hierzu, dass es sich da um einen Fehler der Natur handeln könnte, der mittlerweile behoben wäre. Kaum war der Satz ausgesprochen, stand der Biologe auf und konterte scharf: »Die Natur macht keine Fehler.« Ein Satz, der sich bei mir eingeprägt hat und der besonders dann immer wieder auftaucht, wenn es darum geht, unverständliche menschliche Handlungen zu erklären.

Die Psychologie hat die schwierige Aufgabe, das Wissen der Geisteswissenschaften mit den Beobachtungen und dem Wissen von Biologie und Medizin in Beziehung zu setzen. Grob gesagt bedeutet das, die frei wirkenden Gedanken mit den unfrei wirkenden Gefühlen zu verbinden. Der fachliche Schwerpunkt, der sich mit dieser Problematik auseinandersetzt, heißt »Embodiment« und beschreibt den Zusammenhang zwischen Gedanken, Hormonen und körperlichen Reaktionen.

Beginnen wir bei der Motivation, etwas im Leben verändern zu wollen, so zeigt sich im Denken die Unzufriedenheit. Wie in diesem Buch schon mehrfach erwähnt, entsteht Unzufriedenheit aus unterschiedlichen Gründen: Entweder es mangelt an Sinn im Leben, fehlt der richtige Partner, besteht zu wenig Sexualität, ist zu wenig Geld vorhanden oder das Gegenteil ist der Fall: Weil es ein Überangebot an allem gibt, stehen wir vor der schwierigen Aufgabe, uns entscheiden zu müssen. Diese spürbare Unzufriedenheit lässt sich im Körper mittels Spannungen messen und anhand von diversen Parametern beobachten, zum Beispiel Herzschlag, Atmung, Stress- und Glückshormone, Ruhe, Unruhe, Lidschlag, Augenbewegungen, Muskelzuckungen und anderes mehr.

Die Ausgangslage dieses Zusammenhangs beschreibt Antonio Damasio in seinem Buch »Selbst ist der Mensch« folgendermaßen: Der Körper bildet das Fundament des bewussten Geistes. Wir wissen, dass die stabilsten Aspekte der Körperfunktionen in Form von Karten im Gehirn repräsentiert sind. Jeder Körperteil ist mit dem Gehirn verbunden, wird von dort gesteuert und hängt hierdurch mit dem Denken zusammen.

Die Gedanken sind frei und können durch Sprache gezeigt werden. Doch die Gedanken sind an den Körper gebunden. Auch der Körper hat eine Sprache – er benutzt Hormone. Jeder Gedanke und jedes Wort stehen mit einem Hormon in Verbindung. Vergleichen wir den menschlichen Körper mit einer Schneelandschaft, so können wir sagen, dass Gedanken Fußabdrücken im Schnee ähneln. Jeder Gedanke hinterlässt bleibende Spuren, die uns Menschen formen und sowohl grobe Bewegungen als auch die Körperhaltung, Mimik und Gestik steuern. Das Bild, das ich von mir habe, wird nach außen hin gezeigt. In der Wissenschaft stoßen wir bei jeglicher Weiterentwicklung stets auf dieselbe Schwierigkeit: Wie kann ich das nachweisen? Die

Weiterentwicklung der eigenen Persönlichkeit trifft jedoch auf die Frage: Wie kann ich fühlen, was ich denke? Wie können philosophische Überlegungen für den menschlichen Körper Gültigkeit haben?

Betrachtet man die Grundfunktionen der Psychosomatik, so lässt sich leicht erklären und nachweisen, wie sich eine erlebte Unzufriedenheit entwickeln kann. Allein die Überlegung, inwieweit psychische Faktoren am Schmerzerleben beteiligt sind, stellt den Schmerz an sich infrage. Ist das ein echter oder »nur« ein psychischer Schmerz? Wie hängt ein psychischer oder seelischer Schmerz mit dem Körper zusammen? Diese Überlegung führt abermals zur grundsätzlichen Diskussion, welche Gedächtnisinhalte ein Mensch mit sich herumträgt und ob ein Gedächtnisinhalt auf das Gehirn reduziert werden kann oder auf den Körper erweitert werden muss.

Der Umstand, dass das Wissen eines Menschen sowohl im Gehirn als auch im Körper repräsentiert wird, zeigt abermals deutlich das komplexe Problem: Wissen heißt nicht fühlen. Folglich sind auch die unbewussten Inhalte dem Wissen und damit der Logik zugänglich, aber die eigentliche Bedeutung des Wissens kann nur gefühlt werden. Am Beispiel von Sexualität wird diese Problematik klar: Spätestens ab der Entwicklungsstufe der Pubertät lernt jeder Mensch, was Sexualität bedeutet, was Sex ist – und dennoch gilt Sex als unbewusster Inhalt. Wie kann das sein? Psychologisch wird das Phänomen, dass man etwas weiß, aber nicht fühlt, als Abspaltung bezeichnet. Inhaltlich zeigt sich, dass es in uns Wissen gibt, welches der Logik und damit den anderen beiden Gedächtnisinhalten nicht zugänglich ist. Mit Logik ist lediglich eine schlussfolgernde Interpretation gemeint, eine sinnvolle Interpretation kann auch unlogisch sein. So kann man beispielsweise nicht im Vorhinein logisch erklären, weshalb ein Mensch eine Oper komponieren muss, eine Statue aus einem Marmorstein schlagen. Erst im Nachhinein wird erkennbar, dass etwas schön oder aussagekräftig ist.

Aus dieser Erklärung lässt sich – logisch – ableiten, dass somit Schmerz immer echt im Sinne von körperlich ist. Die Ursache des Schmerzes kann allerdings darin liegen, dass sich die Gedächtnisinhalte untereinander nicht einig sind, welcher Gedanke oder welches Verhalten dem Körper guttut. Diese Fragen entziehen sich der Logik und dürfen auf einer Sinnebene behandelt werden. Was kann somit aus psychologischer Sicht dem Körper Schmerz bereiten? Alles, was das Unbewusste fordert und wo das Über-Ich sagt: »Das darf nicht sein.« Nachdem der Mensch an sich ein soziales Wesen ist, können all jene Aspekte von Beziehung, die uns guttun, genauso wehtun: allein sein, wenn man von der großen Liebe träumt oder enttäuscht ist vom Partner, für den man alles tut, kein Kind bekommen, wenn man gerne eines hätte, arm sein, wenn man glaubt, reich zu sein mache glücklich …

Solch einfache Dinge sind es, die dem Körper wehtun können. Weshalb? Weil wir erst Worte finden müssen für das, was im Körper überhaupt vor sich geht. Erst durch das An- und Aussprechen von Gefühlen entsteht ein Bewusstsein dafür, was wir denken, was wichtig ist und was nicht. Und manchmal ist es angenehmer, den Schmerz zu spüren, als über das eigentliche Problem sprechen zu müssen.

Diese für den Verstand oft harmlos wirkende Unzufriedenheit wird durch Äußerungen wie »Uns geht's doch eh zu gut, du musst ein bisschen mehr dankbar sein« oder »Was willst du denn immer verändern, du hast doch ohnehin alles?« heruntergespielt. Dabei vergisst man, dass sich diese Unzufriedenheit im Körper aufhält, auch wenn der Verstand das nicht wahrhaben möchte. So können sich körperliche Symptome wie Schuppenflechte, kreisrunder Haarausfall oder Zwangshandlungen über den Körper entwickeln. Für den Verstand bleibt es undenkbar beziehungsweise schwer erklärbar, dass sich nur mithilfe von Psychotherapie Ursachen finden lassen, um diese körperlichen Reaktionen zu erklären.

Um körperliche Reaktionen bei der Entscheidung zwischen Herz und Kopf sinnvoll mit einfließen zu lassen, muss zunächst einmal erkannt werden, was der Körper eigentlich ausdrücken möchte. Allein die simple Aussage eines Menschen »Ich muss hier raus!« und die gleichzeitige körperliche Bestätigung einer Erhöhung der Parameter Herzschlag, Puls, Atmung oder Hautleitwert lassen noch nicht erkennen, woran der Kopf denkt. Möglicherweise muss jener Mensch, der sagt: »Ich muss hier raus«, entweder sehr dringend auf die Toilette, weil er Angst hat, in die Hose zu machen, oder aber er vermutet, dass seine geliebte Frau vor der Tür gerade ihren Liebhaber trifft. Der Eindruck »Ich muss hier raus« kann also aufgrund unterschiedlicher Gedanken entstehen, die jeweils dieselben körperlichen Reaktionen hervorrufen. Wenn Verstand und Körper eine Einheit bilden sollen, ist es wichtig zu wissen, welche Gedanken welche körperlichen Reaktionen mit sich bringen.

*Gefühle erkennen*

Auch wenn Mediziner belegen, dass die Sprache des Körpers Hormone sind, so müssen wir Nicht-Mediziner einen Weg finden, zu erkennen, um welches Gefühl es sich im Körper handelt, wenn wir etwas entscheiden wollen. Ein Gefühl wird im gesamten Körper (inklusive Kopf) empfunden. Unterteilt man Gefühle in zwei Gruppen, angenehm und unangenehm, so fühlt man etwas Angenehmes als Erleichterung, Entspannung, Wärme, freudige Erregung, mit tiefer, ruhiger Atmung. Unangenehmes beziehungsweise Stress äußert sich körperlich in Form von Unruhe, Zittrigkeit, als unregelmäßige, abgeflachte und angespannte Atmung, unruhige Augenbewegungen und angespannte Muskulatur. Führen wir eine Entscheidung vom Verstand her frei herbei, kann immer noch im Körper eine Unfreiheit signalisiert werden, die gegen diese Entscheidung spricht.

Das Hauptproblem besteht darin: Welches Gefühl kann der Körper signalisieren, um die Entscheidung derart zu beeinflussen, damit der freie Wille völlig ignoriert wird? Diese Frage macht deutlich, wie bedeutsam es ist, auch Gefühle zu entwickeln. Beim Verstand ist es vollkommen logisch und klar, dass wir erst etwas lernen müssen, um etwas zu leisten. Doch auch auf der Gefühlsebene müssen wir etwas lernen, um etwas zu fühlen. Was für den Verstand der Prozess des Lernens und Übens ist, ist für das Gefühl das Zutrauen und der Mut. Fehlt der Mut, entsteht im Menschen der Eindruck, ohne Ursache ein Angstpatient zu sein. Auf die Idee, dass »nur« Mut fehlt, kommt der Verstand nicht. Auch das Zutrauen oder der Mut wird im Körper in Form von Spannung empfunden. Eine Spannung, bei der es unsicher ist, ob sie sich zum Positiven auflösen wird. Zögert man eine Entscheidung hinaus, löst sich diese Spannung nur durch Grübelei auf: »Was wird, wenn, was wird aus dem oder aus der … ?«

Die empfundene Spannung kann in Schuld umgewandelt werden. Eine Frau, die gerne Kontakt mit einem Mann hätte, kann sich fragen: »Bin ich schuld daran, dass er nicht anruft?«, anstatt die Entscheidung zu treffen, selbst den erwünschten Kontakt herzustellen. Das gilt auch im umgekehrten Fall, wenn eine Entscheidung getroffen wird, zum Beispiel: Eine Frau heiratet einen Mann, dieser ist nicht gut zu ihr und sie verliebt sich in einen anderen. Das Gefühl der Schuld, dass die Ehe nicht funktioniert, bleibt bei der Frau.

Viele Entscheidungen werden aus dem Gefühl getroffen, für andere oder den Partner nicht genug zu sein. Damit fühlt man sich schuldig, nicht mehr genug für die Kinder, Eltern, Geschwister, Nichten und Neffen da sein zu können. Ein Gefühl, das real ist, das aber nüchtern, verstandesmäßig betrachtet, nicht nachvollziehbar ist.

Ein weiterer Umstand beeinflusst alle Entscheidungen und sticht im wahrsten Sinne des Wortes den Verstand aus: Ohne ein Du gibt es kein Ich. Ich brauche also stets zumindest eine andere Person, die es ermöglicht, mir zu zeigen, wer und wie ich bin. Entscheide ich mich als junger Mann für eine von zwei Frauen, so heißt das auch, dass ich mich gegen eine entscheide. Ich muss mich als Verräter ihrer Hoffnungen in ihr wiedererkennen und spüre Spannung, die sich als Schuldgefühl interpretieren lässt. Droht jene Person auch noch mit Selbstmord, so wird die Schuld größer und spiegelt mir die Bedeutung für diese Frau wider. Damit man nicht schuldig ist an einem angedrohten Selbstmord eines anderen, sagt man weit weniger leicht *Nein* zu diesem Menschen als zu jemandem, der diese Art von Druck nicht ausübt. Sich dessen bewusst zu sein, ist wichtig, denn unangenehme Gefühle beeinflussen uns oft mehr als angenehme Gefühle, die im Körper als nicht bedrückend empfunden werden. Sehr wahrscheinlich lässt man diese Person nicht so leicht los, führt wesentlich längere Gespräche als mit jener, die eine gefestigte Persönlichkeit zeigt. Man achtet gar nicht mehr auf den Verstand und darauf, dass durch diese längere Auseinandersetzung wesentlich mehr Nähe entsteht. Man wird sich also dafür entscheiden, sich Zeit zu nehmen, um dem anderen zu sagen: »Ich komme, um zu gehen«, anstatt einfach zu gehen.

Dieser Exkurs zeigt, wie bedeutsam es ist, den Mut und das Zutrauen als Lernprozess für Gefühle zu beachten. Die

Frage, ob Mut ebenfalls als separates Gefühl angesehen werden darf, lässt mich auf Thomas von Aquin zurückgreifen, der Mut als Ausgeglichenheit zwischen den beiden Extremen Feigheit und Leichtsinn interpretiert. Jene Unterscheidung ist deswegen so bedeutsam, da Angst und Unsicherheit nicht vorkommen. Das Gefühl der Angst und Ohnmacht ist also erst das Resultat von fehlendem beziehungsweise nicht entwickeltem Mut. Nicht entwickelt kann auch als nicht gelernt übersetzt werden.

## Entscheidungshilfe Glaube

*Wer in Glaubenssachen den Verstand befragt,*
*kriegt unchristliche Antworten.*
**WILHELM BUSCH**

Bis zur Zeit der Aufklärung wurden Entscheidungen im menschlichen Leben in Hinblick auf das Leben nach dem Tod getroffen. Der Mensch bestand aus einem Körper und einer Seele, und bereits der vorchristliche Spiritualismus besagt: »Nicht du bist sterblich, sondern dieser Leib« (Cicero, im Traum des Scipio). Auch bei Marc Aurel heißt es: »Du bist ein Seelchen, das einen Leichnam trägt.« Allein diese Denkweisen zeigen, dass jegliche Entscheidungen nicht darauf ausgerichtet sind, in diesem irdischen Leben glücklich zu werden, sondern einen Sinn zu erfüllen, der von Gott vorbestimmt ist. Jene Denkweise hat es leicht gemacht, die verbotenen Wünsche des Herzens zu unterdrücken und für nichtig zu erklären.

Josef Pieper beschreibt in dem Buch »Tod und Unsterblichkeit« auch die Sichtweise der Aufklärer, die wir heutzutage nach dem Grundsatz »Ich bin schon als denkend, ohne Körper, eigentlich ganz« praktizieren.

Der große Nachteil der Denkweise der Aufklärer und damit der Abschaffung Gottes in unserem Alltag liegt darin, dass die Bewertung unseres Alltags anders wurde. Simpel gesprochen galt stets die unausgesprochene Übereinkunft: Vor dem Herrn sind wir alle gleich. Dies hat etwa irdischen Reichtum oder Standesunterschiede relativiert. Heutzutage wird der Wert eines Menschen an seiner Leistungsfähigkeit, seinen Chancen und seinem Geld gemessen. Trotz des Wissens, dass jeder Mensch gleich ist, wird das Selbstwertgefühl an die Berufsfähigkeit, die Beziehungsfähigkeit, den sozialen Status oder Ähnliches geknüpft. Dementsprechend wird der Sinn eines Lebens an das Ziel, den eigenen Wert zu erhöhen oder zu erhalten, gebunden. Die ausgleichende göttliche Gerechtigkeit als Hoffnungsträger für das Leben nach dem Tod nimmt jegliche Hoffnung, dass ein »wertloses« Leben sinnvoll sein könnte.

Stark vereinfacht: Früher hatte jeder die Aufgabe, den Sinn darin zu finden, innerhalb dieser Gleichheit vor dem Herrn Gutes zu tun. Orientiert man sich an Werten ohne religiösen Hintergrund, wird rasch deutlich, dass jener, der weniger Geld und weniger Bildung hat, weniger wert ist. Doch kein Mensch kann Wertlosigkeit ertragen. Das Bedürfnis der Seele, erkannt zu werden, ist derart stark, sodass ein Weg gefunden werden muss, um anderen zu zeigen, doch wertvoll zu sein. Die Theologie in ihren diversen Religionen bietet immer noch eine gute Möglichkeit, für sich einen Wert in dieser Welt zu (er)finden.

Findet man keinen Weg, einen Menschen zu gewinnen, der einen liebt, oder anders: innerhalb einer Gesellschaft als wertvoll erachtet zu werden, bietet die Religion deshalb Halt und Schutz vor Verzweiflung, da sie traurige, elende und aussichtslose Situationen genauso positiv bewertet wie die Liebe an sich. Sie bietet einen Sinn. Religionen geben jedoch nur sehr eingeschränkt Halt in diversen Alltagssituationen, denn sie gewähren auch die Freiheit zur Sünde. Für eine Sünde wird man im Nachhinein bestraft. Es kann davon ausgegangen werden, dass keiner absichtlich Sünden begehen möchte, dass aber gleichzeitig das Erkennen von sündigem Verhalten als Möglichkeit gesehen wird, sich im religiösen Sinne wertvoller zu machen, indem die Sünde bekämpft wird.

Der Glaube kann somit stark dazu beitragen, sich für ein bestimmtes Verhalten zu entscheiden. Scheinbar ist diese Entscheidung eine des Kopfes, schließlich denkt man darüber nach, was die jeweilige Religion fordert. Aus psychologischer Sicht ist jedoch das Gefühl eines fehlenden Sinns im Leben für solche Gedanken verantwortlich, ebenso wie das Gefühl, wenig wert zu sein.

Die Suche nach einem Sinn und einem Wert bringt also die Entscheidungshilfe Glaube ins Spiel, wenn es darum geht, man selbst zu werden. Besonders in Zeiten, in denen Krankheit, Not, Tod und unerklärliche Ereignisse auftreten, sind Menschen von innerer Orientierungslosigkeit betroffen. Schafft es jemand nicht, diese schwierige Phase in innere Stärke und Identität aufzulösen, greift er auf religiös geprägte Orientierungshilfen zurück. Inwieweit diese als Glaube oder Aberglaube auftreten, wird wahrscheinlich aufgrund des Gefühls der Erleichterung zu wenig hinterfragt. Sucht jemand für sich Halt im Glauben, um beispielsweise der eigenen Existenz einen höheren Sinn als den irdischen Glücksgefühlen zu verleihen, muss dies nicht im Widerspruch mit Menschen stehen, die anders leben wollen.

Die Psychologie hat die schwierige Aufgabe, zu entscheiden, ab wann aus im Alltag helfenden Glaubenssätzen eine Art religiöser Wahn wird, der anderen Menschen das Recht auf Leben abspricht. Das Streben nach einem Sinn im Leben kann, wenn man in diesem Leben keinen findet, auf das nächste Leben ausgeweitet und damit auf das Thema des Glaubens und der Religion abgeschoben werden. Es ist die Beziehungsfähigkeit, die dem Leben Sinn gibt, und der Glaube ermöglicht eine Beziehung mit der Zukunft, mit Gott, den wir treffen werden. Zumindest für jene, die daran glauben. Wenn die Entscheidungshilfe Religion bei der Frage »Wie werde ich *Ich*?« mit dem eigenen Wert zusammenhängt, führt dieser Umstand aus psychologischer Sicht unweigerlich zu dem Thema Beziehung. Auch Religion bietet einen guten Ersatz für menschliche Beziehungen. Klosterschwestern etwa erhalten bei ihrem Ordensgelübde beziehungsweise der Profess einen Ring, vergleichbar mit einem Ehering. Es kann leicht vergessen werden, dass nur in einer zwischenmenschlichen Beziehung Menschen Werte vermittelt werden. Auch unabhängig von Religion bleibt das Thema Nächstenliebe zentral und führt zu der Überlegung: Weshalb nett sein?

Die Entscheidung zwischen Gefühl und Verstand, die religiös gefärbt sein kann, betrifft dann die Frage: Zu wem bin ich nett? Nett sein bedeutet, den anderen als Mensch mit gleichen Bedürfnissen und gleichen Werten zu erkennen. Religion birgt die Gefahr in sich, so ausgelegt zu werden, dass es eine Gruppe von Menschen gibt, die dieser Art von Wertschätzung nicht würdig ist. Allzu leicht kann es passieren, zwei Gruppen von Menschen vor Augen zu haben: die Sünder und die Guten. Die Bedeutung des Glaubens darf also für sich selbst eingeschätzt werden, aber nicht zur Abwertung anderer Menschen dienen.

Nimmt man Gott als Entscheidungshilfe, wie und ob man weiterleben soll, ist es wesentlich zu lernen, dieser Objektbeziehung auch vertrauen zu können. Im Spital arbeitend, erlebe ich oft, dass in guten Zeiten die Beziehung zu Gott und der Sinn, dass wir überhaupt leben, nicht infrage gestellt werden. Kaum jedoch wird man mit Tod und Angst konfrontiert, droht der Sinn wegzufallen. Damit werden auch alle anderen Beziehungen infrage gestellt: »Wer ist noch ehrlich zu mir? Wer mag mich? Warum soll ich leiden, wo doch mein Ehepartner wahrscheinlich ohnedies froh ist, wenn ich nicht zu viel Leid erleben muss …?« All das sind Zweifel, welche die Energie und die Motivation schwinden lassen, wenn es darum geht, die körperlichen oder emotionalen Zustände auszuhalten.

# Der Wert von Gefühlen

Der große Unterschied zwischen Verstand und Gefühl besteht darin, dass Gedanken zukunftsorientiert sind. Gefühle sind als Reaktion auf Gedanken auf den Moment reduziert. Bevor ein Gefühl vom Verstand interpretiert wird, ist es im Körper als Spannung wahrnehmbar. Das bedeutet, wir treffen Entscheidungen nur aufgrund von Spannungen. Teilt man diese Spannung in zwei Gruppen ein, wird die eine als Harmonie und die andere als Stress bezeichnet. Prinzipiell bevorzugt jeder Mensch das Streben nach Harmonie und Glück. Geht es um zukunftprägende Entscheidungen, etwa um die Wahl des Berufes oder des richtigen Ehepartners, so ist ein Gefühl die einzige Instanz, auf die man sich verlassen kann.

Anhand des Generationenwandels lässt sich folgender Umstand beobachten: Ein Ehepaar erzieht Kinder nach den eigenen Werten und mit einer bestimmten Vorstellung, wie das Leben gut werden kann. Ähnlich wie die Eltern treffen auch die Kinder Entscheidungen über Vorstellungen, wie das eigene Leben gut sein kann. Eltern können sich oft nicht vorstellen, dass die Entscheidungen ihrer Kinder richtig sind. Sie müssen vertrauen, ein Gefühl dafür entwickeln, dass sie ihren Kindern die Freiheit geben, sich für das Richtige zu entscheiden oder bei falschen Entscheidungen die entsprechende Korrektur zu finden. Gefühle werden in Verbindung mit einem Lebensstil, einem Verhalten, einer persönlichen Einstellung als Wert vermittelt. Hierdurch gilt als wertvoll, was gelebt und getan wird, selbst wenn das, was man tut, nicht unmittelbar mit Erfolg verbunden ist. Jedes Gefühl muss hierfür beachtet werden. Lernen wir lediglich, uns darauf zu konzentrieren, was uns ein gutes Gefühl gibt, wird es schwierig sein, mit unangenehmen Gefühlen umzugehen.

Gefühl definiert sich als körperliche Spannung, die einem Gedanken, einer Situation, einem Objekt oder einem Menschen zugeordnet wird. Die Verbindung zwischen der Spannung und dem Objekt kann bewusst und unbewusst ablaufen. Erst die Verbindung dieser körperlichen Spannung mit Gedanken lässt ein Gefühl entstehen. Die Gedanken gegenüber jener Spannung können sich verändern, etwa wenn man als erwachsener Mensch an seine erste große Liebe zurückdenkt. Hat man die Partnerin wirklich gemocht, so erzeugt dieses Bild eine angenehme Stimmung. Die Gedanken, welche man mit jener Person verbindet, bereiten dem Körper Entspanntheit, Zuversicht und Erholung. Wurde man aber von der ersten großen Liebe durch einen guten Freund betrogen oder hintergangen und hat diesen Verlust nicht gut verarbeitet, lösen die Gedanken an die einstige Liebe körperliche Spannungen aus, die wir als Stress bezeichnen dürfen. Erst wenn man eine andere große Liebe gefunden hat, lösen dieselben Bilder von jener Frau etwas anderes im Körper aus, nämlich ebenso das Gefühl der Entspanntheit und der Zuversicht, beispielsweise den Gedanken: »Die große Liebe betrügt mich nicht. Das bedeutet, es kann gar nicht die große Liebe gewesen sein.«

Gefühle sind also Spannungen im Körper, die stark davon abhängen, wie der Verstand diese Spannung interpretiert. In Abhängigkeit davon, die eigenen Lebensziele zu erreichen, interpretiert der Verstand jene Spannung im Körper als Stress oder aber als Freude und Harmonie.

Der ehemalige Schulpsychologe William Glasser schlägt fünf menschliche Grundbedürfnisse vor, die gedeckt werden müssen, damit Harmonie entstehen kann. Diese sind Überleben, Liebe und Sex, Freude sowie Freiheit und Macht im Sinne von Selbstbestimmung. Betrachtet man diese Grundbedürfnisse rational, so stellt sich heraus, dass jene sich gegenseitig ausschließen. Auch die wahre Liebe in einer Ehe zum Beispiel schließt die Freiheit, sich mit anderen zu vergnügen, aus, genauso wie die Entscheidungsfreiheit. Das Erleben von Freude kann bei gewissen Sportarten das Überleben gefährden etc.

Für jedes der genannten Grundbedürfnisse wird ein Gefühl entwickelt. Aus psychologischer Sicht besteht das Hauptproblem von Gefühlen eher darin, im Analysieren der Gefühlswelt zu bleiben, als sich zu fragen: Was will ich denn fühlen? Die beobachtende, analytische Betrachtungsweise hat zur Folge, dass man in der Beobachtung bleibt, und das, was man spürt, auszudrücken lernt. Möchte man etwas verändern, ist ein erlebtes Gefühl nur so lange wichtig, bis etwas letzten Endes verändert wird. Wir dürfen lernen, selbst traumatisierende Gefühle als Maßstab dafür zu nehmen, ob etwas verändert werden soll, und weit weniger als dramaturgisches Ereignis der Psychotherapie.

## Der Beginn der Erfüllung der Grundbedürfnisse

Besonders bei der Erfüllung der Grundbedürfnisse steht die Frage »Was ist wichtiger: der Verstand oder das Gefühl?« im

Vordergrund. Es wirkt logisch, dass Unzufriedenheit genauso motivierend wirkt, etwas zu tun, wie Neugierde, Interesse oder Hunger. Betrachtet man jedoch die Art und Weise, wie mit Grundbedürfnissen umgegangen wird, so lässt sich feststellen, dass auch Menschen, die alles haben, nicht genug bekommen können. Besonders das Streben nach den drei Grundbedürfnissen Liebe, Freiheit und Freude zeigt, dass immer nur die momentane Situation als Maßstab der Erfüllung herangezogen wird. Stellt der Beginn einer Erfüllung eines Grundbedürfnisses tatsächlich einen Mangel dar, sollte einem bewusst werden, dass dieser nicht mehr besteht, sobald der Mangel ausgeglichen ist. Dieses Bewusstsein ist deshalb notwendig, da ab einem gewissen Grad der Erfüllung eine andere Motivationsquelle gefunden werden muss. Sobald ein Ziel erreicht wird, fällt die Antriebsfeder weg. Vor allem in der Liebe ist dies deutlich zu beobachten. Ziehen beispielsweise zwei Menschen, die sich lieben, aber in unterschiedlichen Städten leben, endlich zusammen, so fällt ab dem Moment des gemeinsamen Wohnsitzes die Sehnsucht weg. Diese Entwicklung ist normal und richtig, jedoch wird ohne Bewusstsein für jene Entwicklung auffallen, dass etwas fehlt: in dem Fall das Bedürfnis, den anderen zu sehen. Achtet man lediglich auf seine Gefühle und orientiert sich bei dieser Entwicklung an dem Gefühl der wegfallenden Sehnsucht, kann es dazu führen, die Beziehung zu beenden: Es fehlte ja etwas.

Das Beispiel zeigt, dass die Entwicklung und die Erarbeitung eines Lebenstraumes den Eindruck erwecken, unglücklich zu sein. Der Verlust einer Antriebsfeder kann gefühlsmäßig nicht erfasst werden. Hierfür muss man auf den Verstand zurückgreifen, um sich selbst zu erkennen. Das Betrachten der eigenen Situation und das logische Schlussfolgern erlauben zu erklären, weshalb und wie Spannungen im Körper entstehen.

Ohne diese Reflexion wird man sich als Hüpfball der Emotionen erleben. Denn Gefühle spiegeln stets die momentane Situation und nie den zeitlichen Verlauf einer Beziehung oder deren Entwicklung wider.

Besonders wenn es um die Entwicklung körperlicher oder psychischer Fähigkeiten geht, ist die Entscheidung zwischen Verstand und Gefühl essenziell. Schon wenn ein Kind zu lernen beginnt, kann bei den Eltern ein Gefühl des Erfolges eintreten. Der Begriff »Disziplin« wird mit dem Lernprozess verbunden und verstandesmäßig erklärt. Hierbei ist leicht zu übersehen, dass im kindlichen Spiel, etwa beim Zusammenbauen eines Lego-Autos oder einer ferngesteuerten Drohne, weit mehr Disziplin erleb- und erlernbar ist, als es bei einem Lernprozess, wie dem Erledigen von Rechenaufgaben, beobachtet wird. Beginnt das Kind tatsächlich zu lernen, muss man sich als Elternteil bewusst machen, dass das Erfolgsgefühl bei einem Kind erst eintreten kann, sobald tatsächlich ein Erfolg erlebt wird. Die Schularbeit des Kindes muss hierfür erst zumindest positiv bestanden werden. Dann erst lässt sich die Lernsituation mit diesem Gefühl verbinden.

Ebenso verhält es sich bei der Entscheidung für oder gegen körperliche Aktivität, für oder gegen das Rauchen, Sport und vieles mehr. Woher weiß ich, dass das, was ich tue oder unterlasse, das Richtige für den Körper ist? Vor allem die große Diabetikerstudie, die über einen Zeitraum von zehn Jahren gelaufen ist, hat deutlich gezeigt, dass ein höherer Selbstwert mit mehr Risikofreudigkeit einhergeht. Ein hoher Selbstwert, der als positive Spannung erlebt wird, hat letzten Endes dazu geführt, dass zahlreiche Diabetiker signifikant häufiger zum Törtchen gegriffen und dadurch signifikant schlechtere medizinische Werte aufgewiesen haben als die ängstliche Vergleichsgruppe.

Als großer Freund des Materialismus (Körper ist nichts anderes als Materie) muss ich mir bewusst machen, dass die Materie, der Körper, die Grenze der Möglichkeiten vorgibt (Leistungsfähigkeiten). Die Psyche, die in Form des Gehirns auch materiell betrachtet werden kann, gibt vor, wo die kognitiven Leistungsfähigkeiten liegen. Entscheidend für mich sind jedoch die Gefühle. Sie bieten einen Grund, warum man überhaupt Aktivitäten verfolgen soll. Ein Gefühl und eine Stimmung, die vom Verstand nicht reflektiert, nicht ernst genommen beziehungsweise nicht beachtet werden, können genauso zur Gefahr werden wie der reine Verstand, der das Mitgefühl nicht kennt. Während die Geschichte gezeigt hat, dass nach Hannah Arendt die Banalität des Bösen für uns zur Gefahr werden kann, ist es wichtig, darauf hinzuweisen, dass auch die Banalität des Guten, die in der reinen Emotionalität Ausdruck finden kann, mitunter schadet.

*Ein Beispiel aus meiner Praxis: Freizeit, PC und Musik*

*Ein junger Mann, Paul T., 20 Jahre alt, wird von seiner Mutter zu mir zur psychologischen Beratung geschickt. Zuvor aber hat diese mich aufgesucht, um sich vorzustellen und die Situation ihres Sohnes zu schildern. Sie beschreibt, dass er ein gutes Leben habe, derzeit noch eine fünfjährige berufsbildende Schule besuche, Freundschaften pflege und erfolgreich sei. Allerdings richte sich seine Aufmerksamkeit seit nunmehr sechs Monaten eher auf sein Handy als auf die Familie oder seine Freunde.*

*Nun sitzt Paul T. vor mir und stellt mir seine Situation so dar: Es gehe ihm gut, er sei zufrieden. Das Einzige, was ihn störe, sei seine Mutter, die glaube, er wäre zu viel mit seinem Handy beschäftigt. Er selbst erzählt, dass sowohl seine Eltern als auch seine Geschwister gleichfalls mit dem Handy beschäftigt seien.*

*Die Analyse der Situation zeigt, dass der junge Paul mehrmals die Schule gewechselt und eine Zeit lang nur bei*

McDonald's gegessen hat, während er zu Hause darauf verzichtet hat, etwas zu essen. Anziehen darf er, was immer er möchte. Es gibt kaum etwas, was ihn wirklich stört oder das er verändern will. Das einzige Problem, welches er sieht, ist die Einstellung seiner Eltern, die seit dem abermals verzögerten Ende der Schulzeit von ihm fordern, sich mehr für alles zu interessieren. Nach Beendigung der Schulzeit habe er sich eine Auszeit verdient und diese wollen ihm seine Eltern auch zugestehen, jedoch erst mit Beendigung der Schule. Jedoch habe er keinen Führerschein und auch keine feste Beziehung, daran sei er nicht interessiert. Er verstehe nicht, so betont er mir gegenüber, dass dieses fehlende Interesse zum Problem werden könne – es ginge ihm ja gut.

Ich rege den jungen Mann an, seine eigene Situation kritisch zu betrachten. Vor allem die Frage, was er sich für seine eigenen Kinder einmal wünsche, beschäftigt ihn sehr. Er hoffe, dass diese einmal aktiver wären als er und mehr Interesse für etwas hätten. Denn sein Alltag sei geprägt von Musikhören, Computerspielen sowie dem Zusammenleben mit den Eltern, mit denen er gemeinsam esse oder von ihnen kritisiert werde. Er besuche kaum ein Kino, habe wenige Freunde, mit denen er weggehe und spüre, dass er lebt, oder mit denen er seine Wünsche und Hoffnungen besprechen könne.

Trotzdem kann der junge Paul nicht nachvollziehen, weshalb sein Lebensstil zum Problem geworden ist. Er besteht darauf, bei der Freizeitgestaltung stets seinen Gefühlen zu folgen, daher widme er sich nun mal den Computerspielen und dem Musikhören. Abends fortzugehen, Freunde zu treffen oder gar eine Beziehung zu haben, liege außerhalb seiner Bestrebungen. Selbst die sexuelle Aktivität des 20-Jährigen ist aus klinisch-psychologischer Sicht auffallend passiv, desinteressiert und nicht vorhanden.

*Es hilft Paul T. zu wissen, dass das Gefühl als Wegweiser betrachtet werden kann und somit eine Aufgabe hat. Sich nur darüber zu wundern, weshalb unangenehme Gefühle auftreten und diese kritisch zu betrachten, bringt ihn nicht weiter weg von diesen. Ein auf Konsum ausgerichtet wirkender Tagesablauf, der inhaltlich nur auf das Erleben von Stimmungen orientiert und so gut wie nicht auf Erkenntnis ausgelegt ist, macht es schwierig, ein sinnerfülltes Leben gestalten zu können. Auch die scheinbar guten Gefühle, Freizeit, Computerspielen und Musikhören, können zu einer Entwicklung führen, die der menschlichen Seele nicht gut genug sind.*

## Wieso kann ich nicht denken, was ich fühle? – Oder umgekehrt

Die Problematik, den Gefühlen jenen Stellenwert zukommen zu lassen, den sie verdienen, besteht aus psychologischer Sicht darin, dass Gefühle dem Verstand nicht ausreichend erklärbar sind. Es ist logisch nachzuvollziehen, wie ein Gefühl entsteht und wie es sich äußert; es ist jedoch unlogisch, weshalb man ein Gefühl nicht einfach erleben kann, sondern die körperliche Spannung tatsächlich abbauen muss. Besonders wenn es darum geht, Schmerzen auszuhalten und Schmerzen zu erleben, ist die Grenze zwischen Denken und Fühlen erreicht. Schmerz als Spannung, Angst als Spannung, Sucht als Spannung sowie Sexualität als Spannung erleben wir verbunden mit dem Bedürfnis, jene Spannung abbauen zu wollen. Diese Spannung auszuhalten und eventuell einen Sinn in ihr zu sehen, stellt für den Verstand eine Herausforderung dar. Nicht, weil das Wissen über all diese Spannungen fehlt, sondern weil das Erleben mit dem Wissen und dem Sinn verbunden wird. Diese Spannungen können sogar das Wissen beeinflussen. Erst wer beispielsweise Schmerz kennt oder Angst erfahren hat, kann sein Verhalten gegenüber Menschen, die schmerzgeplagt sind oder an Ängsten leiden, anpassen. Besonders wenn es um Liebe geht, sollte man sich unbedingt bewusst machen, was das Wissen von Liebe bedeutet und wie man diese im Körper erleben kann.

*Ein Beispiel aus meiner Praxis: Ein junges Liebespaar*

*Ein junges Liebespaar – Stefan, 26 Jahre, und Bettina, 29 Jahre – kommt zu mir in die Praxis, da die Eifersucht des Mannes die Frau derart einschränkt, dass sie die Beziehung zu retten versucht, indem sie ihren Partner zur Beratung gezwungen hat. Es zeigt sich, dass Stefan seine Frau Bettina sehr schätzt. Besonders ihre Art zu lachen, zu reden, die Warmherzigkeit, die Freude mag er an ihr sehr. All das, was seine Frau ausstrahle, wolle er nur für sich allein. Er habe Angst, dass andere Männer diese Freiheit, zu lachen und zu reden, ebenfalls attraktiv finden, so wie er. Zwar glaube er nicht, dass sich seine Bettina in einen anderen verliebe, dennoch habe er Sorge, dass ihr dieser Nervenkitzel gefallen könnte, dass sie zu einem Kuss oder One-Night-Stand nicht Nein sagen würde. Diese bedrückende Vorstellung führe dazu, dass Stefan sie permanent kontrollieren wolle. Wenn er das nicht tue, leide er an Bauchweh, Magenkrämpfen, Schweißausbrüchen, Panikattacken und Ähnlichem mehr.*

*Die psychologische Behandlung setzt beim Beziehungsmodell der beiden an, genauer bei den Vorstellungen des eifersüchtigen jungen Mannes. Von ihm verlange ich eine Definition von Liebe und gleichzeitig eine von Freiheit. Es zeigt sich, dass seine Vorstellungen von Liebe in keiner Weise einschränkend sind. Die*

*Bedeutung von Freiheit freilich umschreibt er mit den Begriffen Fortgehen, Trinken, Tanzen, Sex haben und Urlaub, sonst nichts. In dieser Definition und Vorstellung von Freiheit ist es verständlich, dass er Angst hat, wenn Bettina mit einer Freundin abends ausgehen möchte. Deswegen diskutiere ich mit Stefan in der Folge mehrfach, was für ihn im Erleben der Unterschied zwischen Freiheit und Getriebenheit bedeute. Entscheidungen frei zu treffen heißt nämlich nicht, einer Unzufriedenheit nachzugeben und durch exzessive Aktivitäten das Empfinden von Einsamkeit erträglich zu machen. Das Zutrauen beziehungsweise die Zuversicht, dass sich seine Frau Bettina auch deswegen wirklich frei fühlen kann, weil sie mit ihm in einer Beziehung ist, gefällt ihm besonders gut. Durch das Neudefinieren von Freiheit im Gegensatz zu exzessiver Aktivität zur Bekämpfung von Einsamkeit ist es nach einigen Sitzungen möglich, dass gar keine Spannungen mehr auftreten. Der junge Mann kann die Zuversicht gewinnen, dass seine Partnerin neben ihm nicht auch noch einen weiteren Mann haben will.*

Die Frage, wie man denken kann, was man fühlt, betrifft also hauptsächlich das Bewusstsein darüber, wie man seinen Alltag gestaltet, woher Gefühle kommen könnten und wie die Entwicklung von Beziehungen aussieht. Das verlangt auch, sich beispielsweise zu fragen, wenn man sich trotz bestehender Beziehung neu verliebt, ob man sich eventuell deshalb verliebt, weil man in der bestehenden Beziehung etwas vernachlässigt. Dem dynamischen Aspekt von Beziehungen, dass sich Gedanken entwickeln und Gefühle entwickeln können, muss besondere Beachtung geschenkt werden. Das Erleben eines negativen Gefühls, einer negativen Spannung lässt einen vergessen, dass dies genauso wichtig ist wie ein positives Gefühl oder eine positive Spannung. Im Vordergrund jedoch steht das Ziel, dass sich das negative Gefühl in ein positives entwickeln kann. Bei wirklich negativen starken Emotionen allerdings fällt es schwer, an dieses Ziel zu glauben und sich auf die Frage, was einem die unangenehme Emotion eigentlich zeigen möchte, einzulassen. Auch Gefühle, die momentan erlebt werden, besitzen Veränderungspotenzial. Diese Erweiterung des Bewusstseins beziehungsweise Bewusstwerdens erlaubt es nicht unbedingt zu denken, was ich fühle, sehr wohl aber zu wissen, was ich fühle.

# Entscheidungsbremsen

## Schuld

*Wenn man liebt, sucht man die Schuld
bei sich, nicht beim anderen.*
RICHARD BURTON

Betrachten wir das Gefühl generell als Entscheidungshilfe, so gibt es eine Ausnahme: Schuld wird in diesem Zusammenhang als Entscheidungsbremse angesehen. Wie jedes andere Gefühl empfinden wir Schuld als eine Spannung im Körper. Schuld ist eine negativ empfundene Spannung, die auftritt, sobald man sich als Ursache für das Unglück eines anderen Menschen erlebt, unabhängig davon, ob man dafür wirklich verantwortlich war. Die Schuld, die Verantwortung für etwas oder die Ursache von etwas kann man auch emotional an andere Menschen abgeben: Das Ereignis, die Situation oder jener Mensch gilt als verantwortlich dafür, dass diese Spannung existiert. Der große Vorteil an der Schuld ist das Abgeben der eigenen Verantwortung an jemand anderen oder an eine Situation. Damit eine Beziehung funktioniert, ist es wichtig, die Verantwortung für Dinge abzugeben und sich auf den Partner, auf Freunde und Familie etc.

verlassen zu können. Bis zu einem gewissen Grad ist es gut, Verantwortung abzugeben. Eine abgegebene Verantwortung bedeutet auf der Ebene des Körpers, dass man eine Spannung so lange empfindet, bis man getan hat, was der andere von einem fordert. Nimmt man zu viel von dieser Verantwortung, fühlt man sich ständig angespannt und gestresst, da man ja für das Wohl des anderen verantwortlich ist. Dieser Umstand, Verantwortung abgeben zu können, erwächst zum Problem, sobald man zu viel abgibt. Die Schwierigkeit besteht darin, dass man allzu leicht auch die Verantwortung im Leben abtritt, die andere nicht für einen selbst übernehmen können. Beispielhaft sei hier das Bitten um Hilfe, Geld, Sex und Zeit erwähnt.

»Hätte ich das früher gewusst …« – »Ich konnte nicht Nein sagen …« – »Er war so charmant zu mir …« – »Immer musste ich nachgeben …« – »Du Lügner, du Verräter, du …«: Das alles sind Ausdrücke dafür, dass man die Schuld für eine Entscheidung nach außen verlegt. Jede Entscheidung, die man trifft, erfolgt jedoch mit dem eigenen Verstand und dem eigenen Gefühl. Unabhängig davon, wie viel Rücksicht man auf jemand anderen nimmt, stellt sich die Frage, ob man dem anderen vorwerfen kann, für ihn auf etwas verzichtet zu haben. Sich selbst zurückzunehmen und damit nicht zu seinem eigenen Ich zu stehen, kann man anderen Menschen und Situationen nicht vorwerfen.

*Ein Beispiel aus meiner Praxis: Die Scheidung einer Frau*

*Leopoldine G., 46 Jahre alt, die sich scheiden lässt, betritt gemeinsam mit ihrem Noch-Mann Hans, 49 Jahre alt, meine Praxis. »Du hast mir fünf Jahre meines Lebens gestohlen. Ich wollte von Anfang an nicht zu dir ziehen«, wirft sie ihrem Gatten vor.*

*Solche Schuldzuschreibung zeigt deutlich, dass die Frau vor den fünf Ehejahren offensichtlich ihr Bedürfnis, sich selbst treu zu bleiben, unterdrückt hat. In vielen Gesprächen, die ich mit ihr führe, schildert sie, dass sie oft Rücksicht auf ihren mittlerweile Ex-Mann habe nehmen müssen. Mehrmals diskutiere ich mit ihr die Frage nach dem Grund dafür. Zumeist lautet ihre Antwort: »Weil ich mich sonst schuldig gefühlt hätte« – schuldig an einem Streit, schuldig daran, dass das Kind ohne Vater aufwachsen würde etc. Dieses Gefühl der Schuld bildet also die Entscheidungsbremse für das eigene Wohlbefinden und Glück bei Frau G. und stellt das eigentliche Problem dar.*

*Die Gespräche mit ihr machen deutlich, dass sie in ihrem Ex-Gatten offenbar jemanden gefunden hat, der ihr das Problem der Schuld abnimmt. Er habe ihr rational erklärt, welche Optionen er für sie sehe: entweder ihr Leben zu ändern, wenn sie dies wolle, oder aber sich in die bestehende Situation einzufügen. Sein Verhalten habe schließlich dazu geführt, sich verantwortlich zu fühlen. Dass sich Leopoldine G. im Grunde für ihren Mann zurückgenommen und für ihn auf viele ihrer Wünsche verzichtet hat, sei ihm jedoch entgangen.*

Die Sorge »Weil ich mich sonst schuldig fühle« führt dazu, dass man die Verantwortung für den anderen gar nicht abgeben kann. Solange man Schuld nicht empfinden möchte, ist es unmöglich, darüber nachzudenken, was das Gefühl eigentlich bedeutet.

Wie soll man nun mit Schuld umgehen? Diese Problematik betrifft den Umgang mit Misserfolg und mit Fehlern. Einer, der sich nicht traut, Fehler zu machen, der es nicht wagt, im Leben zu verlieren oder weniger erfolgreich zu sein als seine Freunde, läuft leicht Gefahr, jemand anderem die Schuld zu geben. Das betrifft auch den Umgang mit Trauer. Auch Trauer als Gefühl ist eine Spannung im Körper, die abgebaut werden muss. Verlieren wir einen Menschen, so können wir trauern, indem wir weinen, beten, an ihn / sie denken und Ähnliches mehr. Ist jedoch die Trauer jenes Gefühl, das hinter dem empfundenen

Verlust, Misserfolg oder Fehler steht, so entwickelt man eine andere Möglichkeit – außer beispielsweise jene des Weinens –, um die Spannung abzubauen. Habe ich etwas verloren, so steht mir die Chance offen, etwas Neues zu kaufen. Mögen mich meine Freunde nicht mehr, so wie ich bin, kann ich mir ein tolles Auto zulegen, und meine Kollegen beneiden mich (und wollen eventuell sogar mitfahren). Mag mich meine Frau als Mann nicht mehr, so kann ich mir aus Protest andere Frauen anlachen. Der Umgang mit dieser Spannung ist also individuell und lässt sich erlernen.

Je früher wir lernen, mit Schuld umzugehen, desto eher kann es gelingen, sich von der Schuld emotional zu befreien. Das heißt, ich bin schuld daran, nicht gemocht zu werden. Ich bin schuld daran, dass etwas schiefgeht. Je früher wir lernen, das auszuhalten, desto früher können wir zu den Bedürfnissen anderer Menschen Nein sagen. Erst wenn ich die Schuld ertragen kann, darf ich überlegen, ob ich diese auch wirklich haben möchte. Solange ich mich dagegen wehre, vergesse ich automatisch auf das, was da vor sich geht. Je größer die Angst davor, sich schuldig zu machen, desto weniger deutlich kann man klar denken und damit wissen, wer man selber in Wirklichkeit ist. Die Angst blockiert den Verstand, sie hindert einen daran zu denken, was man vom Leben möchte. Sie zeigt uns lediglich, was wir nicht wollen und wer daran schuld sein könnte.

*Ein Beispiel aus meiner Praxis: Die Ehekrise*

*Eine Frau, Monika T., 55 Jahre alt, sucht mich aufgrund von Beziehungsproblemen in der Praxis auf. Sie gibt an, ihr Mann sei es gewohnt, alles zu bekommen, was er wolle. Bekomme er etwas nicht, könne er sehr wütend werden. So wütend allerdings, dass sie es gar nicht so weit kommen lassen möchte, denn es befällt sie Angst, wenn er herumtobt und -schreit. Die Frau beschreibt,* dass ihr Mann es nicht gewohnt sei, Dinge allein zu machen. Wo auch immer er spazieren gehen, fischen, jagen oder urlauben möchte, solle sie ihn begleiten. Gefällt ihm etwas nicht oder fühlt er sich nicht wohl, weil sie nicht dabei ist, gebe er ihr die Schuld dafür, erzählt sie weiter. Interessanterweise fühle sie sich schon seit mehreren Jahren schuldig an seinem Unglück, noch ehe es überhaupt passiert sei. Aus lauter Schuld habe sie vor wenigen Jahren einen Nervenzusammenbruch erlitten, für den ihr Mann jedoch wenig Verständnis gezeigt habe. Monika T. führt aus, dass sie ihren Mann sehr liebe und dass sie selbst wisse, was ihrem Leben guttue, aber diese Schuld hindere sie daran, all das umzusetzen und zu verwirklichen. Dabei handelt es sich nicht um anrüchige Tätigkeiten wie das Tanzen an der Stange oder das Treffen fremder Männer, sondern lediglich um den Wunsch, ein Buch zu lesen oder ein Museum zu besuchen.

Das Problem hierbei ist nicht einmal die Frage, ob der Gatte sie bei ihren Unternehmungen nicht begleiten möchte oder dafür schlicht keine Zeit habe, sondern einzig die Furcht der Frau, ihr Mann könne sich ärgern, wenn er nach seinen Freizeitbeschäftigungen nach Hause kommt und sie hätte etwas anderes erlebt als er. Sie beschreibt, dass ihr Ehemann weder auf ihre Erlebnisse noch ihre Tätigkeiten neidisch sei. Er verstehe nur nicht ihren Drang nach Ablenkung, Genuss und Kultur. Vor allem die Tatsache, dass sie ihn allein lasse, ärgere ihn. Die Frau berichtet weiters, sie habe mehrmals mit ihrem Mann darüber gesprochen und ihm erklärt, dass sie für ihn auf ihre Hobbys verzichten würde. Er möge doch bitte dasselbe tun, ihr zuliebe. Den Vorwurf, sie verzichte auf ihre Hobbys, habe er nicht nachvollziehen können, schließlich liebe sie ihn ja und es ärgere ihn, dass sie einen Vorwurf daraus mache. Dass er deswegen seine Hobbys aufgeben solle, sehe er schon gar nicht ein. Im Gegenteil, er wäre jetzt auch noch enttäuscht von ihrem Lösungsvorschlag. Überhaupt sei es ihm nicht recht, dass *seine Frau zum Psychologen gehe. Den Einladungen, mitzukommen, könne er nicht folgen.*

Das Fallbeispiel macht deutlich, wie unmöglich es ist, seine eigenen Bedürfnisse zu decken und gleichzeitig zu versuchen, dem Partner zuliebe darauf zu verzichten. Vor allem die große Liebe der Frau zu ihrem Mann lässt Außenstehende darüber staunen, wie jemand trotz der Tatsache, dass keine Beziehungsprobleme bestehen, an der Beziehung scheitern kann, wahrscheinlich, weil ein Mensch ausschließlich für den anderen denkt.

Die Lösung liegt in dem kleinen, aber bedeutenden Unterschied, in seinen Entscheidungen für sich zu denken und gleichzeitig an den anderen. Dieser Umstand würde dann Folgendes zeigen: Entweder besteht doch ein Beziehungsproblem, zum Beispiel könnte ihr Mann sehr eifersüchtig sein. Oder es gibt eben keines und ihr Mann würde lernen, wie gut es ihm tut, wenn seine Frau zu Hause nicht mehr depressiv ist.

Die große Herausforderung für diese Lösung liegt darin, sich für den Ärger des Partners nicht mehr schuldig zu fühlen. Das heißt, mit immer neuer Naivität den Gefühlen des Partners gegenüberzustehen, nicht die Aggression abzuwerten oder darauf einzusteigen, sondern lediglich sich darüber zu wundern und zu fragen, was ihm helfen würde. Über viele Jahre hinweg hat der Partner seinen eigenen Ärger und seine Unzufriedenheit auf seine Frau übertragen: Ihm ging es dann immer besser, denn sie hat ihm immer etwas abgenommen. Dieses langjährige Ritual über Nacht zu ändern, wird wahrscheinlich auf Widerstand stoßen, denn ihr Mann fragt sich zu Recht: »Wieso ist meine Frau plötzlich unzufrieden mit mir? Was passt ihr denn nicht? Ist sie vielleicht depressiv?« Das Gefühl der Frau, schuldig zu sein, bestätigt auch noch ihren Mann in seinem Gefühl, unschuldig an ihrer Depression zu sein – unschuldig im Sinne von nicht verantwortlich für die Traurigkeit der Frau. Das Beziehungsdrama kann so trotz großer Liebe beginnen.

Ziel einer Therapie ist also die Frage: Wofür soll man sich entscheiden – scheinbar Verstand gegen Gefühl? Oder entscheide ich mich für mich beziehungsweise für den anderen? Das Gefühl der Schuld tritt also dann auf, wenn ich mich gar nicht mehr frage: »Was tut mir gut?«, sondern nur mehr: »Was gefällt dem anderen?« und aus der Überlegung: »Was gefällt dem anderen?« wird ganz plötzlich der Gedanke: »Was ist schuld an seinem Unglück?« Mit diesem Gedanken im Hinterkopf ist es einem Menschen, der Mitgefühl für den anderen empfindet, nicht möglich, seine eigenen Bedürfnisse in den Vordergrund zu stellen.

## Was habe ich verdient?

Eng verknüpft mit dem Aspekt des Schuldgefühls ist der komplexe Bereich des Glücksgefühls. Jede Entscheidung ist mit einem erwarteten Ergebnis sowie einem bestimmten Gefühl verbunden. Fällt es jemandem schwer, sich für den Verstand oder ein Gefühl zu entscheiden, weil das Gefühl vorhanden ist, die Unzufriedenheit hänge mit einem anderen Menschen zusammen, so kann man das Gegenteil der Schuldbremse beobachten. Menschen, die den Eindruck haben, sie erhalten nicht, was sie verdienen, versuchen, die Verantwortung hierfür anderen zuzuweisen. Diese können dann, wenn sie wollen, ein Schuldgefühl entwickeln. Jedoch ist die Hartnäckigkeit des Gefühls, zu wenig zu erhalten, genauso problematisch wie die Persistenz von Schuld. Versucht man, Entscheidungen abzugeben, denn andere Menschen verhalten sich ja zu respektlos, zu wenig achtsam, zu schlampig, wird es einem gar nicht in den Sinn kommen, darüber nachzudenken, ob das Gefühl notwendig ist oder nicht.

Um selbstbestimmt, frei und sinnvoll zu leben, ist es wichtig, eigene Entscheidungen treffen zu können, ohne andere Menschen hierfür verantwortlich zu machen. Das Gefühl, zu wenig zu bekommen beziehungsweise zu glauben: »Das habe ich nicht verdient«, rührt aus einer Spannung, die entsteht, wenn man sich selbst klein fühlt. Ein geringer Selbstwert zeigt: Ich werde minderwertig behandelt. Andere Menschen können dieses Problem, dieses Defizit leider nicht lösen. Es ist entscheidend, gütig zu sich selbst zu sein und bei der Entscheidung zwischen Herz oder Kopf sich bewusst zu machen, dass jenem Gefühl keinerlei Bedeutung zukommt. Der Verstand versucht, die Spannung des Sich-klein-Fühlens dadurch aufzulösen, indem die Verantwortung dafür einer Respektlosigkeit zugeschoben wird. Der Verstand ist es auch, der das Bewusstsein schaffen muss, darauf zu achten, dass das Abgeben von Verantwortung nicht die eigene Freiheit reduziert. Um selbst frei zu bleiben und zu werden, müssen wir anderen Menschen erlauben, ebenfalls frei zu bleiben. Das bedeutet, diese frei reden zu lassen, ungeachtet des Risikos, respektlos behandelt zu werden. Dieser Art von Respektlosigkeit sollte man keine Bedeutung schenken, denn sie entsteht aus einer Freiheit.

# Sexualität – Macht – Sinn

Die Entwicklung der eigenen Persönlichkeit betrifft auch die Frage nach Liebe und Sexualität. Beide Themen hängen miteinander eng zusammen: Sexualität als körperliche Ausdrucksform, dem anderen zu zeigen, wer man ist, Liebe als emotionale Ausdrucksform einer tiefen Verbundenheit und Zustimmung. In meinem Buch »Ohne Leib mit Seele« wird dieser Zusammenhang anhand von drei Stufen dargestellt:

1. Sexualität mit Liebe: Zwischen Menschen besteht eine große Nähe, man erkennt und respektiert den Partner, wie er / sie ist. Man liebt den Kern eines Menschen, die sogenannte Seele. Hierdurch wird man leicht verletzlich, gleichzeitig sehr intim, zärtlich, respektvoll. Der Partner ist jedoch auch jede Auseinandersetzung wert. Durch die Liebe zur Seele des anderen ist es möglich, diesem auch Dinge zu erlauben, weil er oder sie etwas möchte, ihm oder ihr zuliebe. Intensität und Dauer werden irrelevant, da die Nähe durch die Liebe entsteht.

2. Sexualität mit wenig Liebe: Man kennt den Partner, schätzt jedoch nicht alle Eigenschaften, deshalb ist man mehr auf körperliche Intensität und Reize angewiesen, um ebenfalls Zugang zum Kern eines Menschen zu finden. Es ist wichtig, mehr auf sich zu achten, da das geringere Aus-

maß an Liebe dem Partner rascher eine Grenze setzt. Um Sexualität gut zu gestalten, ist die Stimmung wesentlicher, was eventuell zur Folge hat, dass der sexuelle Akt wilder beziehungsweise extremer, stürmischer stattfinden wird, um die Grenzenlosigkeit, die Seele des anderen und die eigene deutlich zu spüren.

3. Sexualität ohne Liebe: Man probiert aus, inwieweit Bedürfnisse und Wünsche mit dem Körper des anderen erfüllt, im Idealfall miteinander ausgelebt werden. Sex kann hemmungsloser, wilder erfolgen, was dazu führt, dass man den Kern, die Seele des anderen dadurch erkennt, indem man auf die Reaktionen achtet, die durch das Ausleben der eigenen Bedürfnisse auftreten. Für den anderen ist man wenig bereit, etwas zu tun, deswegen besteht hier die Möglichkeit, sich durch erzwungene Nähe dem Partner zu zeigen, wer man wirklich ist und was man wirklich kann. Die nicht vorhandene, vielleicht sogar fehlende Liebe bei gleichzeitig starker Erregung führt dazu, dass das Mitgefühl für den anderen Menschen ausgeschaltet wird. Kränkungen und Verletzungen können so ungewollt erfolgen. Banal wirkendes Verhalten kann den anderen seelisch und körperlich verletzen, indem beispielsweise die Frau während des Aktes einschläft oder gähnt, ein Mann einer Frau einen ungewollten Klatsch auf den Po gibt etc. Verletzungen, Leid und Schmerz zeigen ebenfalls den Kern, die Seele eines Menschen.

Die Unterscheidung zwischen diesen drei Arten von Sexualität im Zusammenhang mit Liebe ist deshalb bedeutsam, da man die eigenen Ideen, Wünsche und Vorstellungen jenen des Sexualpartners anpassen muss. Das Anpassen erfolgt in Gesprächen oder durch das Zeigen von Gefühlen und Grenzen. Um sich bei der Sexualität als so akzeptiert erleben zu können, wie man sich selbst wahrnimmt, ist Sexualität mit Liebe die ideale Form, jenen Austausch erlebbar zu machen. Die Seele als Wegweiser auch in diesem Lebensbereich nehmen zu können bedeutet, sich auch dann nicht vom Partner zurückzuziehen, wenn er eine andere Vorstellung hat, was im Bett zu tun ist. Liebevoll darf man das eigene Verhalten anpassen, egal, wie viele Fehlversuche man erlebt.

Sexualität als die ultimative Form, sich dem Gegenüber zu zeigen, ist eine derart starke Kraft, die mit dem Verstand nicht wegrationalisiert werden kann. Sexualität als Grundbedürfnis muss also täglich beachtet werden, da sonst die Spannung in einem Menschen steigt und diese zunehmend schwieriger unter Kontrolle zu bringen ist. Sexualität gilt als *die* wesentliche Erlebnisform einer romantischen Beziehung.

Sexualität als Erlebnisform erlaubt allen an dem Akt Beteiligten, den / die jeweils andere/n und sich selbst zu erleben. Sex ist demnach eine Möglichkeit, dem Partner zu zeigen, was ich mag – sowohl an mir als auch am anderen. Die Frage »Wie werde ich *Ich*?« erlangt besonders beim Thema Sexualität Bedeutung. Wird Sexualität mit Liebe verbunden, zeige ich nicht nur, was ich mag, sondern ich zeige mich dem anderen voll und ganz, so wie ich bin. Hierdurch macht man sich verletzbar. Nicht, weil der Partner einen tatsächlich verletzen möchte, sondern weil man Wünsche und Bedürfnisse zeigt sowie die Gefahr besteht, dass diese nicht ernst genommen werden. In der Sexualität kann man die Wünsche und Bedürfnisse des Partners / der Partnerin nicht nur ernst nehmen, sondern auch verwirklichen, zumindest bis zu einer gewissen Grenze. Jene zeigt den Umgang mit Macht innerhalb einer Beziehung: Man gibt dem anderen ein Stück Macht, das zu tun oder nicht zu tun, was er / sie will. In der Sexualität unterliegt diese Macht einer Spannung beziehungsweise einem Reiz, die interpretiert werden können als

Überlegung: »Wie weit darf ich gehen?« In der Liebe ist jener Macht keine Grenze gesetzt, denn aufgrund des angeborenen und in der Liebe bewussten Mitgefühls geht man nie weiter, als es das Mitgefühl erlaubt.

Der richtige Umgang mit dem eigenen Bedürfnis nach Sexualität wird einem erst bewusst, sobald man Beziehungen mit Menschen eingeht, bei denen dieses Thema keine Rolle spielen soll. Erfüllt man sich in einer Liebesbeziehung zu Hause alle sexuellen Wünsche hinsichtlich Intensität und Häufigkeit, so stellt der körperlich nahe Kontakt beispielsweise mit Personen, die man betreuen oder pflegen muss oder mit denen man tanzen geht, eine entspannte Situation dar. Andere Menschen anzugreifen oder nackt sehen zu müssen, wird zur Selbstverständlichkeit und kann ohne innere Anspannung genossen und ausgehalten werden. Werden sexuelle Bedürfnisse nicht erfüllt – entweder von anderen oder einem selbst –, verändert sich das innere Gleichgewicht und aus einer Selbstverständlichkeit wird eine spannungsgeladene Atmosphäre, die Gedanken begleiten können, die das Gegenüber in die eigene Sexualität mit einschließen. Selbst das Wissen, dass diese Menschen nicht mit den eigenen sexuellen Bedürfnissen in Verbindung stehen, hilft nicht mehr, die körperliche Spannung abzubauen. Fehlende Möglichkeiten, romantische Beziehungen aufzubauen, führen dazu, dass aus dieser Spannung große Unzufriedenheit resultiert. Auf Dauer können psychische Krankheitsbilder entstehen, wie zum Beispiel Depression, Angststörung, sexuelle Funktionsstörung, Perversionen und anderes mehr.

Erst das erfüllte Bedürfnis der Sexualität oder das Wissen darum, wie diese Bedürfnisse erfüllt werden können, ermöglicht den spannungsfreien Aufbau von Beziehungen. Das bedeutet für den Aufbau einer sozialen Beziehung, in der Liebe und Sexualität keine Rolle spielen: Man muss entweder genau wissen, wie man seine sexuellen Wünsche erfüllt bekommt, oder diese Wünsche werden in einer Beziehung bereits erfüllt (hin und wieder genügt). Ist man sich im Unklaren darüber, welche Bedürfnisse der Körper wirklich hat und wie diese Bedürfnisse erfüllt werden, so spielt diese Unklarheit in jeder sozialen Beziehung eine Rolle. Dies betrifft sowohl romantische Beziehungen als auch berufliche oder sozial vorgegebene Beziehungsebenen, etwa jene zwischen Verkäufer und Käufer oder Arzt und Patient. Für romantische Beziehungen bedeutet die Unklarheit, dass der potenzielle Partner eine Art Hoffnungsträger für Sexualität wird. Für andere Beziehungen, in denen Sexualität keine Rolle spielen darf, heißt es, dass man diese Unklarheit verbergen muss. Und wie in jeder zwischenmenschlichen Beziehung wirken verborgene Inhalte in Form von Tabus sich negativ auf die Qualität jener Beziehung aus. Nicht, dass in diesen Beziehungen das Thema Sexualität eine Rolle spielen muss, es stellt jedoch für die eigene Person keine Bedrohung dar und kann deshalb harmonisierend wirken. Ist man sich nämlich nicht klar darüber, wie man seine sexuellen Wünsche ausleben kann, wird jeglicher Kontakt mit Sexualität in Verbindung gebracht, auch mit der ungelebten und unerfüllten. Beispielsweise kann man den Kontakt von homosexuellen Männern mit Frauen beschreiben. Viele Frauen charakterisieren ihr Verhältnis zu solchen Männern so, dass sie sich ihnen gegenüber wesentlich offener und körperlich näher präsentieren könnten, da keine unangenehme Spannung entsteht, die mit unerfüllten oder unerfüllbaren Wünschen in Verbindung steht.

Die Frage »Wie werde ich *Ich*?« in Verbindung mit Sexualität betrifft also vor allem deshalb soziale Beziehungen, da es passieren kann, dass ein anderer Mensch für bisher unerfüllte sexuelle Wünsche eine Erfüllbarkeit darstellt. Oder auch das genaue Gegenteil: Jemand ohne Sexualität sucht sich jemanden, der genauso wenig das Bedürfnis danach hat wie er selbst. Erst durch die Gleichstellung der Bedürfnisse entsteht Harmonie. Findet man nicht jemanden, der genauso viel oder wenig Bedürfnisse hat wie man selbst, ist die Beziehung angespannt und das Ich leidet. Leid entsteht dann, falls man niemanden findet, um das Bedürfnis nach viel oder wenig Sexualität auszuleben. Empfindet man selbst, dass man mehr oder weniger Sex möchte (oder auch der Partner), so bedeutet das für das Ich, dass etwas nicht ganz in Ordnung ist. Dieses Empfinden kann als Leid oder als Euphorie Ausdruck finden.

»Wie werde ich *Ich*?« in der Sexualität heißt, jenen Menschen, den man liebt, in seine Wünsche mit einzubeziehen und diese mit ihm zu teilen. Erst die Gegenseitigkeit und das Verständnis füreinander bringen Befriedigung und führen zu dem Satz: »Jetzt bin ich *Ich*.« Das beeinflusst auch die Art und Weise, wie man anderen Menschen gegenübertritt. Um einen anderen Menschen in seine geheimsten Wünsche mit einzubeziehen, ist es für das Ich wesentlich, das Gegenüber zu lieben. So weiß man, dass mit diesen Bedürfnissen liebevoll umgegangen wird. Das Ich braucht keine Angst zu haben, zurückgestoßen, lächerlich gemacht, beschämt oder anderweitig kleingemacht zu werden. Je mehr Vertrautheit und Liebe herrschen, desto größer ist die Chance, dass das Ich an der Diskussion um diese Bedürfnisse wachsen kann. Denn auch die Erfüllung dieser Bedürfnisse muss entwickelt werden. Es ist wichtig zu erkennen, welche Wünsche realistisch sind, welche sadistisch, welche masochistisch, welche fetischistisch etc. Das Erkennen aller Bedürfnisse, ohne dabei gekränkt zu werden, ist von großer Bedeutung. Wird das Ich gekränkt, bleibt eine Unklarheit bezüglich der eigenen Wünsche in einem selbst bestehen. Das wiederum kann sich auf andere Beziehungen auswirken. Plötzlich erkennt man in einem Gespräch: »Ah, dieser Mensch erfüllt mir jenes Bedürfnis!«

Dann beginnt Sexualität und deren Befriedigung ohne Liebe bedeutend zu werden. Das ist nicht schlecht, es stellt jedoch stets eine kurzzeitige Befriedigung dar, die eine verständnisvolle Entwicklung nicht mit einschließt. Bei solchen Beziehungen steht das Erlebnis einer Vorliebe im Vordergrund.

## Das Ich im richtigen Körper

Eng verbunden mit der Sexualität, mit den eigenen Wünschen und körperlichen Bedürfnissen ist die Frage, ob man selbst jenen Körper hat, den man gerne möchte. Betrachtet man sich selbst ebenfalls als sexuell attraktiv, sexuell anziehend, als Mensch, der die Bedürfnisse anderer erfüllen kann? Im Englischen wird auf die Frage »Sex?« männlich oder weiblich geantwortet. Aufgrund unseres Geschlechts werden wir also als männlich oder weiblich eingeteilt. Das individuelle Erleben dieser Einteilung als fertige Identität als Mann oder als Frau ist hierdurch noch nicht gesichert. Beispielsweise gibt es Menschen, die sich innerlich einem anderen Geschlecht zuordnen, als dies die körperlichen Eigenschaften vermuten lassen. In diesem Fall spricht man von Transsexualität. Doch auch Personen, die mit ihrer Rolle als Mann oder Frau zufrieden sind, können Probleme mit ihrem Körper als Mann oder Frau haben. Platt formuliert, kann der Verstand eines Mannes sagen: »Auch ein kleiner Penis ist gut genug.« Oder der Verstand einer Frau: »Auch kleine Brüste sind toll.« In einer Welt voller großer Penisse und Riesenbrüste, in der die Vorbilder für Männer gleichzeitig muskulös und für Frauen schlank sind, gilt es vor allem, seinem eigenen Ich zu sagen: »Du bist gut genug.« Es geht um die Einstellung, die innere Haltung, dass das Ich gut ist. Wenn der Verstand logisch erklärt, weshalb, das Herz jedoch nicht mitspielt, wird jede Entscheidung, die man trifft, eine Spannung erzeugen, die sich nach außen widerspiegelt. Dies betrifft die Art, wie man geht, was man anzieht, was man isst, wie man anderen begegnet. Damit Entscheidungen so getroffen werden können, dass man sich wohlfühlt, ist es essenziell, sich genau so zu akzeptieren, wie man andere Menschen akzeptiert. Hierbei hilft der Verstand, logische Erklärungen zu finden, die dem Gefühl die Akzeptanz erleichtern. Beispielsweise könnte eine stark übergewichtige Frau zu sich selbst sagen: »Ein Model wird nur wegen seines Körpers angesehen – ich auch.« Als Psychologe weiß ich jedoch, wie viele Gespräche notwendig sind, bis die Akzeptanz des eigenen Körpers eintritt.

*Wie kann man sich akzeptieren?*

Sich selbst zu akzeptieren bedeutet, jenes Gefühl, das man für sich selbst hat, nicht negativ werden zu lassen. Der Verstand hilft dabei, über sich selbst nachzudenken, beispielsweise darüber, was einen Mann zum Mann macht und wie viel Männlichkeit die Liebe benötigt.

Auf der einen Seite steht das, was erkannt wird, das Körperliche, an das jeder gebunden ist, gemeinsam mit dem Verstand, der dabei hilft, körperliche Eigenschaften hervorzuheben oder zu verbergen. Auf der anderen Seite steht das Erkennende, das sehr wohltuend ist, sollte es mit Liebe verbunden sein. Der Verstand überlegt, was dazu führen kann, die Akzeptanz und Liebe zu erhöhen. Der Verstand denkt aber nicht nur über den eigenen Körper und über das Ausmaß der eigenen Intelligenz oder Fähigkeiten nach, sondern auch über die Eigenschaften anderer Menschen. Wenn der Verstand innerhalb seiner Vergleiche mit anderen Menschen den Anforderungen, die er hierdurch an sich selbst stellt, entspricht, kann sich ein positives Gefühl sich selbst gegenüber einstellen. Je positiver das Selbst, desto größer der Zusammenhang zwischen körperlichen Eigenschaften und der Bestätigung des eigenen Wertes, indem ich stark oder groß bin. Bin ich nur hierdurch gut und positiv bewertet, reduziert man sich durch die Eigenschaften auf ein Geben. Ich bin das, weil ich das (leisten) kann, ich bin das, weil ich beispielsweise keine Falten habe.

Die Gefahr dabei ist, dass man sich von diesen Merkmalen abhängig macht oder aber von anderen Menschen aufgrund jener Merkmale ausgenutzt wird. Denn die Männlichkeit beispielsweise wird dann über das Körperliche gezeigt. Demonstriert ein großer, starker Mann, dass er etwas Schweres heben kann, so wird seine Partnerin Wege finden, ihn demonstrieren zu lassen, wie stark er ist. Entweder muss ein Kasten irgendwohin geschoben werden, oder sie lässt sich von ihm ins Bett heben. Doch irgendwann können Krankheit und Alter diese Männlichkeit rauben. Für Frauen gilt dasselbe. Macht man sich abhängig von einer Faltenfreiheit oder davon, ein Kleid anziehen zu können, in dem man schlank aussieht, hat man Sorge, die Weiblichkeit dann zu verlieren, wenn das nicht mehr gegeben ist. Es lohnt sich also, darüber nachzudenken, wer man ist, was man geben kann und was man nehmen möchte, im übertragenen Sinne. Darüber hinaus ist es bedeutsam, auch Menschen zu finden, mit denen man darüber sprechen kann, die das bestätigen können oder einen neuen Blickwinkel auf die Ich-Definition erlauben.

Das Nachdenken oder dieses Beschäftigen mit der eigenen Definition ist nicht genug. Wir brauchen auch einen Menschen, der uns begreifen kann. Die körperliche Berührung beziehungsweise Empfindung ist eine weitere Bestätigung hinsichtlich des Zieles, Sicherheit in Bezug auf sich selbst zu erlangen. Die

Akzeptanz des Körpers wird nicht nur durch Worte bestätigt, sondern auch durch Berührung oder dadurch, angesehen zu werden. Wesentlich dabei ist die Erfahrung, dass ein anderer Mensch nicht erschrickt, wenn man nackt gesehen wird, dass kein Aufschrei erfolgt, wenn die Hose ausgezogen wird. Die Sicherheit im körperlichen Bereich ist vor allem deshalb wichtig, da sie bestimmt, was man isst und wie man sich anzieht. Jemand, der unsicher ist, wird mehr Bestätigung von anderen Menschen brauchen und zieht sich deswegen aufreizender an, schminkt sich mehr als einer, der sich seiner selbst sicher ist.

## Sexualität und Macht

Sexualität und Macht hängen insofern auch stark zusammen, als dass man gleichzeitig Macht abgibt, indem man sich dem anderen öffnet, und sich Macht wieder nimmt, indem man sieht, wie sich der andere öffnet. Man erkennt nicht nur, was einem selbst wehtut, sondern auch, wie man dem anderen wehtun kann – psychisch und physisch. Sexualität ohne Liebe lässt das Mitgefühl als Grenze im Umgang mit der Macht über den anderen Menschen weniger in den Vordergrund treten. Das Thema Macht wird größer, sobald man spürt, was man alles tun kann, selbst wenn man einen Menschen nicht liebt, wenn man nur zeigen kann, wer man ist, was man braucht beziehungsweise wie toll man für jemand anderen sein kann. Das Thema Macht steht auch deswegen im Vordergrund, da man weiß, was man alles machen könnte. Allein die Möglichkeit, die Macht auszuleben, ist eine Beschäftigung mit der eigenen Macht. In diesem Fall ist nicht die Seele die Orientierungshilfe für das eigene Verhalten, sondern nur mehr das Mitgefühl für den anderen Menschen. Fehlendes Mitgefühl kann dazu führen, dass sich beispielsweise einer von zwei Sexpartnern etwas holt, was der andere ungern gibt. Sexualität erfolgt ohne Liebe eher materialistisch, kann in einer Art Rauschgefühl erfolgen. Die Macht über den anderen Menschen muss man sich in diesen Fällen »holen«, indem man austestet, wie weit man dem »Partner« die eigenen Bedürfnisse zumuten darf. Verletzt wird man erst dadurch, wenn klar ist, was einer der beiden nicht möchte, aber es trotzdem verlangt wird.

Sexualität als Grundbedürfnis schließt die Notwendigkeit mit ein, einem anderen Menschen körperlich zu zeigen, wer ich bin, was ich mag, was ich nicht mag. Mehr noch: Es besteht das Bedürfnis, dass das, was ich da zeige, akzeptiert wird. Jede Art von Abneigung, Ekel, Zurückweisung oder Unverständnis, die auf Sexualität bezogen ist, betrifft somit den Kern unseres Wesens. Es werden starke Gefühle ausgelöst, welche womöglich die eigene Existenz gefährden, weil dadurch die Identität (männlich oder weiblich) sowie die Attraktivität infrage gestellt werden können. Das hat mitunter Gefühle einer massiven Kränkung oder einer starken Aggressivität beziehungsweise Angst zur Folge. Wer nicht imstande ist, mit diesen Gefühlen umzugehen, wehrt sich gegen jene Person, die diese auslöst, und läuft Gefahr, ein Täter zu werden. Diese Art von Kränkung und Scham führt sogar dazu, dass man dem Partner oder sich selbst etwas antut, wie zum Beispiel Vergewaltigung oder andere Gewalthandlungen. Der Umgang mit den eigenen Gefühlen in Bezug auf Zärtlichkeit und Sexualität ist somit etwas Essenzielles.

Es stellt sich nun die Frage, wie man mit diesen Gefühlen umgeht, ohne entweder selbst zu stark gekränkt zu werden oder den anderen zu kränken. Wie kann ich in diesem Punkt ich selbst bleiben, also meine Wünsche und Bedürfnisse als richtig erachten, selbst wenn der andere sich beispielsweise lustig darüber macht? Sexualität muss entwickelt werden, doch wie weit darf ich meinem Partner beziehungsweise er sich etwas erlauben, bis ich mit ihm Schluss mache? Wo hört die soziale Verantwortung für den Partner auf und wo beginnt die eigene?

Bei der Entwicklung des Ichs ist darauf zu achten, die Wünsche von beiden Sexpartnern ernst zu nehmen. Ernst nehmen bedeutet noch nicht in ein Erleben umzusetzen, sondern primär den anderen in seiner körperlichen Spannung, in seinem Druck, in seiner Not wahrzunehmen. Jeder muss für sich entscheiden, was er dem anderen erlaubt, um diese Spannung und Not des anderen zu lindern.

Woher kommt die Sexualität? Auch wenn Männer und Frauen unterschiedliche primäre Sexualorgane haben, so ist man davon überzeugt, dass der Ursprung des Dranges der Sexualität vom Kopf ausgeht.

Demnach ist das Gehirn der Ursprung des sexuellen Dranges, sexueller Gedanken, Gefühle, Unterdrückungen und Verhaltensweisen. Die unterschiedlichen Arten, wie Sexualität ausgelebt wird und empfunden werden kann, sind biologisch vorgegeben. Aber das Ich in seiner Entwicklung hat die große Aufgabe, diese Begrenztheit des Körpers, Sexualität zu erleben, nicht als Grenze wahrzunehmen, sondern als eine Möglichkeit, sich dem anderen zu zeigen. Durch dieses Zeigen kann eine intensive, tiefe Verbundenheit, eine innige Beziehung mit jemandem entstehen. Je mehr man auf seine Grenze achtet, desto mehr wird die Sexualität eine Machtform, welche die Intensität der Beziehung über die Sexualität zeigt. Wird man älter und kann man Sexualität nicht mehr so ausüben wie als junger Mensch, so ist es bedeutsam, diese Innigkeit und Nähe mit dem anderen Menschen anders herzustellen. Eine Intimität, die sich durch die Liebe und das Verständnis für den Menschen ergibt. Die Sexualität ist eine sehr körperliche und damit materielle Verbundenheit. Bleibt man auf jener Ebene, wird diese Art von Nähe über Essen, Schmuck, Tanzen, Urlaub oder Ähnliches hergestellt. Dies ist prinzipiell nicht schlecht, jedoch fällt einer jener materiellen Aspekte weg, so wirkt dieser Entzug wie eine Strafe. Auf der Ebene des Erlebens klafft eine große Lücke, die die Intimität zwischen zwei Menschen stört.

## Sex macht Sinn – Aber verliebe dich nicht in mich

Wofür kann man sich eigentlich wirklich entscheiden? Historisch gesehen ist gemäß Sigmund Freud das Lustprinzip beziehungsweise die Sexualität die menschliche Antriebsfeder. Betrachtet man die Mechanik der Psyche aus dieser Perspektive, entsteht der Eindruck, als könnten wir uns nur zwischen unterschiedlichen Arten von Lebensstilen entscheiden. Wir können nicht entscheiden, ob wir sexuell leben wollen oder nicht, denn wir sind es. Demnach können wir nur entscheiden, welche Art von Sex wir bevorzugen (etwa Hetero- oder Homosexualität), nicht jedoch, ob wir sexuelle Wesen sind oder nicht. Falls dies nicht gelingt, kann man immer noch zwischen einer Krankheit (zum Beispiel Depression, Schizophrenie) oder einer wirklichen Leidenschaft für Wissenschaft, Kunst, Sport oder für ein Instrument wählen.

Die Tatsache, dass Sexualität die Möglichkeit ist, das auszudrücken, was man empfindet, hat zur Folge, dass dieses Erleben als sinnvoll empfunden wird. Gelingt es nicht, einen Menschen zu finden, mit dem man lebt, sondern lediglich Beziehungen zu haben, mit denen man seine Sexualität (aus)lebt, läuft man Gefahr, sich immer wieder in jene Menschen zu verlieben, die solches Erleben als sinnvoll erscheinen lassen. Der Gefühlszustand des Verliebtseins ist mit einer starken Glückseligkeit und einer zukunftsorientierten Hoffnung verbunden. Dieser Zustand ist derart verlockend und angenehm, dass man kaum mit jemandem nur Sex haben kann, ohne sich langfristig zu verlieben. So entstehen Beziehungen, die von einer großen Abhängigkeit geprägt sind, aus einem ungleichmäßigen Machtverhältnis. Ironischerweise bewirkt jene Art von Beziehung genau das Gegenteil, was Liebe und Sexualität normalerweise bewirken. In Abhängigkeit wird das Ich nur mehr in Verbindung mit Sex mit dem anderen Menschen gesehen und es droht eine massive Existenzangst, sobald Kontaktentzug droht oder tatsächlich eintritt. Es wird dann sogar von Liebesentzug gesprochen, obwohl es sich lediglich um die Unterbrechung des sexuellen Kontaktes handelt und von Liebe nicht die Rede ist. So entsteht eine zwischenmenschliche Verbindung, in der alle Beteiligten aufgrund der gegebenen Abhängigkeit Macht auf den anderen ausüben können. Man kann ständig drohen, dass man etwas tut oder nicht tut, wenn der andere nicht entsprechend reagiere. Dieses Machtverhältnis kann nur dann ausgeglichen werden, wenn man sich in seinen Wünschen und Bedürfnissen ganz klar ist. Die Klarheit in den Wünschen stellt das Entscheidende dar. Wer aber jene Wünsche erfüllt, ob eine Liebe zwischen Menschen entsteht und ob diese hält, darüber kann keine Klarheit bestehen. Folglich relativiert sich die Abhängigkeit zu diesem Menschen.

*Ein Beispiel aus meiner Praxis: Die amputierte junge Frau*

*Vier Jahre nach einem Zugunglück kommt Helga H., 39 Jahre alt, zu mir in die Praxis. Die Frau ist von einem ebenfalls im Rollstuhl sitzenden Kollegen nach einer ca. einjährigen Beratung zu mir gewechselt und sie sei, so gibt sie an, von der ersten Stunde an sehr zufrieden. Ich würde sie verstehen, ernst nehmen und ehrlich sein. Durch den Unfall hat sie beide Beine verloren und verwendet abwechselnd ihre Prothesen sowie ihren Rollstuhl.*

*Die Stimmung von Helga H., wenn sie die Praxis aufsucht, ist jedes Mal wunderbar. Bald zeigt sich aber, dass bei ihr eine extreme Unzufriedenheit entsteht, sobald ein Termin verschoben werden muss. Auf diese Art von Reaktion angesprochen, wird ihr bewusst, dass sie bereits bei dem Kollegen zuvor so reagiert hat. Bei jeder Absage sei sie in eine schwere Depression verfallen oder habe Suizid angedroht. Die Analyse der Situation macht deutlich, dass Frau H. eine Abhängigkeit von ihrem Psychologen entwickelt hat, weil sie ihn als Hoffnungsträger für all ihre bisher ungelebten Wünsche betrachten konnte. Sie beschreibt, dass ihr bisheriger Psychologe ebenfalls körperbehindert gewesen ist – so wie sie und ich. Dieser Umstand sei ihr wichtig, denn sie fühle sich wegen der Behinderung des anderen Psychologen, aber auch aufgrund meiner mehr akzeptiert und verstanden. Dann berichtet sie von all den Möglichkeiten, die sich mit ihrem bisherigen Psychologen geboten hätten, von all den hundert E-Mails, die sie ihm geschrieben, von all den Träumen, die sie von ihm gehabt hätte. Auf die Frage, weshalb sie ihren Psychologen gewechselt habe, antwortet sie, dieser habe sie nicht mehr sehen wollen, da sie zu intensiv den Kontakt immer wieder hergestellt habe. Das Gefühl, sich verstanden zu wissen, habe hier zu einer großen Verbundenheit geführt, die sie veranlasst habe, sich in den Therapeuten zu verlieben. Helga H. berichtet ferner, dass sie in ihrem Leben zwar mehrere Beziehungen gehabt habe, dass jedoch nie ein Mann für sie wirklich dagewesen sei. Sexualität und Liebe wären für sie zwei separate Themen, die ihrer Meinung nach nichts miteinander zu tun hätten.*

*Nach eingehenden Gesprächen mit Frau H. formuliere ich als Ziel der psychologischen Beratung, die Beziehungsfähigkeit der jungen Frau zu erhöhen. Dabei wird ausschließlich darauf geachtet, welcher soziale Kontakt bei ihr welches Gefühl, welche Hoffnungen, welche Erwartungen usw. auslöst. Nach mehreren Monaten wird schließlich erkennbar, dass stets dasselbe Beziehungsmuster in folgender Reihenfolge aufgetreten ist: 1. Kennenlernen, viel reden; 2. Verlieben; 3. Sex; 4. Wohlfühlen, nur wenn Sex gut; 5. Drohungen von beiden Seiten; 6. Beziehungsabbruch.*

*Auffallend ist bei all diesen Beziehungen, dass es – abgesehen von den psychologischen Gesprächen – keine andere Beziehung im Leben von Helga H. gibt, bei der nur viel geredet und Spaß gehabt wird, ohne Sex zu haben. Immer dann, wenn sie sich von einem Mann verstanden fühlt und lange Gespräche folgen, findet ihrerseits eine körperliche Annäherung statt. Das Verstandenwerden ist für Frau H. emotional derart beglückend, dass eine stabile, distanzierte Beziehung nicht aufrechterhalten werden kann. Die größte Herausforderung bei dieser Beziehung ist also der Umgang mit dem Thema Macht. Helga H. kann für sich nicht die Entscheidung treffen, jenen Männern, die sie trifft und mit denen sie eigentlich nur reden möchte, Nein zu sagen. Sie erkennt rasch, dass viele nur mit ihr ins Bett wollen, jedoch steht sie dem wie ohnmächtig gegenüber. Dabei will sie im Grunde nicht nur im Bett, sondern auch im Alltag ernst genommen werden, erklärt sie mir.*

*Die Komplexität derartiger Beziehungen liegt darin, dass unklar ist, von wem die Verliebtheit letzten Endes ausgeht, von wem der Wunsch nach Sexualität signalisiert wird und was Frau H. unter Liebe versteht. Der erste Schritt, dieses Beziehungsmuster zu verändern, ist, dass sie sich selbst darüber klar werden muss, was sie eigentlich will, dass sie sich und ihren »Freunden« mit-*

teilt: »*Ich rede sehr gerne mit dir, aber bitte verlieb dich nicht in mich.*« *Das erlaubt ihr, Gespräche zu führen, ohne dem körperlichen Verlangen nachzugeben, das wahrscheinlich aufgrund einer tiefen Verbundenheit, die sie bereits in kurzer Zeit verspürt hat, entstanden ist. Diese Aufforderung an sich selbst genauso wie an das Gegenüber hilft Helga H. dabei, einem Partner – zumindest für wenige Monate – treu zu bleiben. Zusätzlich dazu entwickelt sich keine Abhängigkeit von meiner Person als ihrem Psychologen. Die Klarheit, gleichzeitig eine gute Gesprächsbasis zu haben, eine Verbundenheit zu fühlen ohne körperliche Verbindung, führt zu einer Beziehung, die nicht von Abhängigkeit gekennzeichnet ist.*

# Sich selbst treu bleiben

Die große Herausforderung dabei, sich selbst treu zu bleiben, besteht darin, dem nachzugehen, was man für richtig hält, und gleichzeitig seine Freunde und Bekannten nicht zu verlieren. Viele Eltern fordern von ihren Kindern, das zu tun, was sie für richtig halten. Trotz der gegebenen Freiheit sind sie dann doch enttäuscht, sollte der Lebensstil der Kinder nicht dem Weltbild der Eltern entsprechen. Sich selbst treu zu bleiben und das zu tun, was man tun muss, wird nicht nur beeinflusst davon, ob Eltern dies ablehnen oder abwerten, sondern auch davon, ob wir Kinder unsere Eltern glücklich machen können. Diese Problematik besteht nicht nur zwischen Eltern und Kindern, sondern generell in der zwischenmenschlichen Beziehung. Die Frage, wie man sich treu bleibt und nicht dem Geschäfts- oder Ehepartner sowie den Eltern, beantwortet letzten Endes auch die Problematik, wie man eine Beziehung zufriedenstellend gestaltet. Nur wer sich selbst treu ist, kann zufrieden sein und wird auch vom Partner akzeptiert.

*Ein Beispiel aus meiner Praxis: Eine alternative Familie*

*Eine sehr alternativ lebende Familie – Vater Bernhard, 52 Jahre, Mutter Maria, 51 Jahre alt, und zwei Kinder –, die von Käseerzeugung, Töpferei und alternativer Kunst gelebt hat, soll gemäß den Angaben der Eltern daran zerbrochen sein, dass beide Kinder einen Beruf gewählt haben, der dem Weltbild und den Werten der Familie nicht entsprochen habe. Die Tochter sei Polizistin, der Sohn Soldat geworden. Beide seien verheiratet und haben bereits eigene Kinder. Sowohl mit den Kindern als auch mit den Enkelkindern gebe es kaum Kontakt.*

*Eine genaue Analyse der Familiensituation, besonders als die Kinder noch klein gewesen sind, zeigt, dass dieses Prinzip »Sich selbst treu sein« von den Eltern gut vorgelebt worden ist. Deren Kompromisslosigkeit hat innerhalb der damals bestehenden Werte jedoch auch Konsequenzen für die Kinder gehabt, die den Eltern freilich so nicht bewusst gewesen sind. Während die Eltern stolz auf ihre Außenseiterrolle gewesen sind, haben ihre Kinder mehrmals darüber geklagt, nicht verstehen zu können, weshalb andere Menschen auf die alternativ wirkende Kleidung oder die Gesundheitsschuhe der Familie mit einem Lächeln oder Tuscheln reagieren. Markenschuhe und -kleidung habe es aus Prinzip nicht gegeben, darum haben sich die Kinder geniert. Die Eltern erzählen, dass beide die Waldorfschule besucht haben, ohne ihren Freunden sagen zu wollen, welches Gymnasium sie absolvieren. Die Außenseiterrolle sowie die damit verbundene Scham seien so gut wie nie besprochen worden, teilen mir die Eltern in den Gesprächen mit.*

*Der therapeutische Ansatz in diesem Fallbeispiel zielt darauf ab, dass die Eltern bei den spärlichen Kontakten mit ihren Kindern kurzfristig diese Außenseiterrolle ansprechen sollen, um eine Möglichkeit für längere und klärende Gespräche zu finden. Tatsächlich entstehen lange, intensive Diskussionen und Streites, die zeigen, wie unterschiedlich die Sichtweisen der Betroffenen sind.*

Was bedeutet es für die Gesellschaft, sich zwischen Herz oder Kopf entscheiden beziehungsweise sich selbst treu bleiben zu müssen? Wie kann man Entscheidungen treffen, die immer auch andere Menschen beeinflussen, aber gleichzeitig seinen eigenen Weg gehen?

Oberste Priorität muss die Akzeptanz anderer Meinungen sein, die stets genauso wichtig und richtig sind wie die eigene. Sollten andere Menschen jene Akzeptanz nicht bieten können, empfiehlt es sich, auf Distanz zu diesen Meinungen zu gehen, ohne sie jedoch schlechtzumachen. Mehrere Meinungen müssen als gleichwertig nebeneinander stehen können. Jeder muss sich aussuchen, mit wem er gerne diskutiert, mit wem es wert ist, zu streiten. Ein Abwerten und Schlechtmachen führt zur Polarisierung, also zu einer Einteilung in Kategorien wie Gut und Schlecht, Richtig und Falsch. Eine Entscheidung zwischen Herz oder Kopf ist nicht eine zwischen Gut und Schlecht, sondern betrifft nur meine Meinung: Was ist für mich gut? Eine generelle Bewertung und eine Abwertung von etwas anderem bewirken die Ausgrenzung der eigenen Person, im Falle einer Familie auch den Ausschluss der übrigen Familienmitglieder.

Sollen die Entscheidungen zwischen Herz und Kopf im Einklang getroffen werden, dürfen andere Meinungen nicht abgewertet werden. Denn eine Abwertung hat zur Folge, dass man gefühlsmäßig Widerstand gegen etwas bietet. Dieser Widerstand fühlt sich unangenehm an und lässt deswegen jegliche Entscheidung widersprüchlich wirken. »Ist das tatsächlich so schlimm?«, lautet die Frage, die im Kopf automatisch auftaucht. Oder: »Ist es wirklich notwendig, diesen drastischen Bruch mit jemandem zu machen? Lohnt sich das wirklich?«

All diese Überlegungen werden nur dann mit Ja beantwortet, sofern eine Abwertung erfolgt, die automatisch eine Entzweiung von Verstand und Gefühl mit sich bringt. Sich selbst treu zu bleiben bedeutet auch, hinsichtlich seiner eigenen Träume klar zu bleiben. Denkt man an die Meinung anderer Menschen, kann es passieren, dass man die Klarheit sich selbst gegenüber verliert. Zweifel kommen auf: Wie darf ich das, soll ich das, bin ich das überhaupt wert? Jeder ist zumindest jeden Traum wert, auch wenn er nicht verwirklicht werden kann. Zumindest in diesem Punkt muss Klarheit bestehen, um den ersten Schritt zu setzen, sich selbst treu zu bleiben. Man muss lernen, die eigenen Ideen, Vorstellungen und Wünsche genauso ernst zu nehmen wie die Vorstellungen anderer Menschen. Alles ist gleich richtig, wesentlich ist nur: Was ist für mich richtig?

In einer Partnerschaft muss diese Frage auch mit dem Partner geklärt werden, denn eine Beziehung funktioniert langfristig nur dann, sofern jeder seine eigenen Vorstellungen präsentieren und jeder damit leben darf.

*Ein Beispiel aus meiner Praxis: Die Vegetarierin*

*Eine Frau sucht mich zur klinisch-psychologischen Beratung auf, da sie Unzufriedenheit in ihrer Ehe verspürt. Sie beschreibt, dass sich nach 15 Jahren Ehe im vorigen Jahr eine emotionale Trennung von ihrem Mann breitgemacht habe, weil dieser sie nicht verstehe und sie deswegen so behandle, als wolle er sie bestrafen: Er wäre unzufrieden und grantig, würde weniger reden als sonst und knappe Antworten geben wie »ja, logisch«, »eh klar« oder »mach, wie du denkst«.*

*Die Analyse der Ehe ergibt, dass die Frau sehr auf ihren Mann bezogen ist, sich ihr Lebensstil völlig an dessen Berufsarbeit und Bedürfnissen orientiert, sie ihn aber über alles liebt. Aufgrund gesundheitlicher Probleme jedoch habe sie ihre Essgewohnheiten komplett umgestellt, sagt sie. Ihr Mann sei auch Jäger und könne überhaupt nicht verstehen, weshalb sie das selbst geschossene Reh, die Hasen oder das Rebhuhn nicht mehr essen wolle. Seit ihr der Arzt zu einer Essensumstellung geraten habe, sei sie konsequent Vegetarierin. Dieser Umstand habe sie jedoch nicht dazu veranlasst, nicht mehr für ihren Mann zu kochen, sondern sie lediglich dazu bewogen, kein Fleisch mehr zu essen. Seither fühle er sich allein gelassen und unverstanden. Vor seinen Freunden habe er sie sogar schon als depressiv bezeichnet.*

*Es zeigt sich, dass es trotz der großen Liebe außer gemeinsamen Mahlzeiten wenig Interessen gibt, die miteinander geteilt werden. Auch Sexualität werde gemäß ihrer Aussagen hauptsächlich dann praktiziert, wenn der Mann dies wolle. Sie selbst mache da keine Anstalten.*

*In einem Fall wie diesem kann es für die Betroffenen hilfreich sein, Gemeinsamkeiten zu finden und Entscheidungen so zu treffen, dass eindeutig ist, welche Auswirkungen diese Entscheidung für den Mann und die Frau hat. Bisher sind die meisten Entscheidungen aufgrund außerehelicher Umstände gefällt worden, wie zum Beispiel Arbeitsanforderungen des Mannes. Auch die Entscheidung, fortan als Vegetarierin zu leben, ist von der Ehefrau und ihrem befreundeten Arzt getroffen worden. Der in diesen Prozess nicht eingebundene Ehemann hingegen hat sie daher weder unterstützen können noch mitentscheiden dürfen. Seine Miteinbeziehung habe dazu geführt, dass sich der Umgangston des Mannes tatsächlich etwas verbessert, beschreibt sie die Situation nach wenigen Sitzungen.*

## Das Problem der Sachlichkeit

Um anderen Menschen seine Ideen und Wünsche mitzuteilen, greift man gerne auf Tatsachen, auf Objektivität und Wahrheit zurück. »In Wahrheit ist es so, dass zu viel Arbeit krank macht«, könnte man argumentieren, weil man künftig weniger arbeiten möchte. Etwas wird als Wahrheit dargestellt und vertreten, um eine Entscheidung für andere Menschen nachvollziehbar zu machen. Je wissenschaftlicher untermauert, desto glaubwürdiger und desto weniger Diskussion. Sachliche Inhalte, objektives Wissen und die Gewissheit, sich daran orientieren zu können, bieten genügend Halt, um einen Lebensstil zu vertreten, ohne an Auswirkungen für andere Menschen denken zu müssen.

Das große Problem der Sachlichkeit ist tatsächlich das Mitgefühl für andere Menschen. Sich selbst treu zu bleiben bedeutet, die Sachlichkeit für sich subjektiv geltend zu machen und eine weitere Sachlichkeit für andere Menschen bestehen zu lassen. In oben genannter Rechtfertigung, um weniger arbeiten zu müssen, würde diese Subjektivität folgendermaßen aussehen: »In Wahrheit habe ich derzeit einen Arbeitsstil, der mich krank macht, deswegen möchte ich ihn ändern.« Diese Art von Wahrheit zeigt das Problem aus einer ganz anderen Perspektive und es gelingt viel eher, jener Aussage keinen Widerstand, kein Gegenargument bieten zu müssen. In einer Diskussion wird ein Argument einem anderen gegenübergestellt, zumeist, um Lebensstile zu vertreten, die eigentlich parallel nebeneinander gleichwertig gelebt werden können. Diese Art, Wissen und Sachlichkeit so zu betrachten, stellt allerdings sowohl Wissen als auch Sachlichkeit infrage.

Solches Denken ist nicht neu, aber dennoch brandaktuell. Stark vereinfacht soll hier als Beispiel auf die »Ideologie der Sachlichkeit«, beschrieben von Hannah Arendt, hingewiesen werden. Als hochangesehene und massiv kritisierte jüdische Politologin bezeichnete sie im Eichmann-Prozess das Böse als banal und nicht als grauenhaft. Die große Problematik der Ideologie der Sachlichkeit besteht darin, dass das Mitgefühl komplett ausgeschaltet wird – so wie Adolf Eichmann gemäß ihrer Beschreibung seine Todesanweisungen von seinem Schreibtisch aus gab und ganz selbstverständlich davon erzählte, ohne Dramatik, ohne Gefühl oder Bewertung. Der Verstand ist derart wichtig, dass das Gefühl keine Bedeutung bekommt. Nicht nur vielleicht keine Bedeutung erlangt, sondern derart unterdrückt wird, dass keine Emotionalität spürbar wird.

Der bei Hannah Arendt eindrucksvoll beschriebene Rückzug des Bösen auf das Sachliche zeigt, dass das Böse in der Negation des Mitgefühls liegt und nicht darin, monsterhaft aufzutreten. Der Stolz Eichmanns auf seine Handlungen, auch noch während des Prozesses, zeigt, wie wichtig es für uns Menschen ist, zu unterscheiden, was wir als gut und böse bezeichnen. Der Sachlichkeit von Befehlen zu folgen, darin bestand der wahre Wert. Und es hielt und hält davon ab, für das, was man tut, Verantwortung zu übernehmen. Denn was als sachlich vorgegeben wird, muss auf diese Art und Weise nicht hinterfragt werden. Dieses extreme Beispiel wurde vor allem auch deshalb gewählt, da Hannah Arendt den SS-Obersturmbannführer Eichmann als Durchschnittsbürger, als Mann von nebenan beschrieb. Dies zeigt, dass jeder von uns darüber nachdenken muss, welche Sachlichkeit als objektive Wahrheit und als richtig verkauft wird. Auch ein Durchschnittsbürger kann durch banale Tätigkeiten anderen extremes Leid zufügen, sollte er darauf vergessen, an seine Mitmenschen zu denken. Nach dem Zweiten Weltkrieg zeigten zusätzlich psychologische Versuche, wie zum Beispiel das Milgram-Experiment, wie einfach fehlendes Mitgefühl dazu führen kann, anderen Leid zuzufügen. Das Experiment verdeutlichte, wie rasch Versuchspersonen bereit sind, ihren Mitmenschen lebensbedrohliche Stromschläge zu erteilen.

## Nicht krank machen lassen

Oberhalb des Tores der Universität Wien (des neuen Institutsgebäudes) steht in großen Buchstaben »Die Wissenschaft ist frei«.

Das bedeutet, Wissen ist frei von Gut und Böse, und frei vom Lebensstil. Die Anwendung des Wissens ist entscheidend. Angesichts der Tatsache, dass Wissen und Sachlichkeit wichtig sind und nicht nur für die Rechtfertigung eines Lebensstils benutzt werden können, muss man lernen zu unterscheiden, wie man einen individuellen Lebensstil erfolgreich einschlagen kann und ab wann man davon sprechen muss, realitätsfern oder krank zu sein. Besonders im Bereich der Psychologie sind Wissen und Realität ohne Medizin oft schwer nachzuweisen.

Um ein Beispiel zu geben: Depression oder Alkoholismus ist ohne Blutabnahme reine Glaubenssache des Psychologen oder Arztes. Erst wenn man weiß, dass ein Patient keine anderen Erkrankungen hat, welche die Leberwerte oder den Serotoninspiegel beeinflussen, kann davon ausgegangen werden, dass eine psychische Belastung zugrunde liegt. Bei der Diagnosestellung einer Alkoholerkrankung etwa orientiert sich die Weltgesundheitsorganisation WHO an der Menge des Alkoholkonsums (Männer ab 1,5 Liter Bier oder drei Viertel Liter Wein – 60 Gramm Alkohol, Frauen ab einem Liter Bier oder zwei Viertel Wein – 20–40 Gramm Alkohol pro Tag), während sich die Psychologie auf das Gefühlsleben konzentriert. Das Verlangen nach mehr Alkohol, das Gefühl, nach ein, zwei Gläsern nicht aufhören zu können oder nur mangelnde Kontrolle darüber zu haben, wie viel man trinken möchte, sowie körperliche Entzugserscheinungen bei Konsumstopp und eingeengtes Denken deuten darauf hin, dass jemand an einem Alkoholproblem leidet.

Das Beispiel soll die Problematik zeigen. Hat man einen Patienten in der Praxis und erklärt ihm, dass er bereits ab drei Bier pro Tag Alkoholiker ist, wird man von diesem wohl ausgelacht. Stellt man anschließend Fragen, die abklären, ob er aufhören könne oder ein eingeengtes Denken habe, wird man wahrscheinlich Antworten erhalten, die nicht darauf hindeuten, dass er Alkoholiker sei. Diese Diagnose kann oft erst dann gestellt werden, wenn derart massive körperliche Probleme bestehen, dass sich die Wahrheit nicht mehr verleugnen lässt. Erstaunlicherweise ist es so unmöglich, diesem gesicherten Wissen zu glauben. Das Wissen der Psychologie und der Medizin stellt also auch eine Glaubensfrage dar. Diese Problematik zeigt deutlich, dass Wissen allein nicht den Lebensstil hinreichend beeinflussen kann. Wissen beantwortet nämlich nicht die Frage, wozu ein Lebensstil dienen soll. Welchen Sinn soll ein gesunder Lebensstil haben, wenn das Wissen Gesundheit mit fehlendem Genuss verbindet? Das Streben nach einem Sinn im Leben wird nicht mit einem gewissen Lebensstil verbunden. Wir verbinden also Arbeit beispielsweise mit einer Notwendigkeit, um uns anschließend etwas leisten zu können, was unserer Meinung nach sinnvoll ist.

Genauso kann es mit Dingen sein, die zwar Freude bereiten, aber auch bis zu einem gewissen Grad notwendig sind, wie zum Beispiel Freunde treffen, Gartenarbeit oder Autowaschen. Vergisst man, den Sinn auch in diesen Aktivitäten zu sehen (im großen Gegensatz zur Notwendigkeit), wird das nur so eine Art Konsum, die tatsächlich grenzenlos werden kann, was letzten Endes dazu führt, dass das Verhalten als krank eingestuft wird. Um nicht krank gemacht werden zu können, muss darauf geachtet werden, was man selbst tatsächlich benötigt. Sonst würde man sich mit den eingebildeten Notwendigkeiten die Stimmung verderben und tatsächlich in Depressionen verfallen. So eine eingebildete Notwendigkeit kann ein gebügeltes Hemd sein – hat man nur ein ungebügeltes, so kann man sich dafür entscheiden, nicht außer Haus zu gehen.

Am Beispiel des Alkoholkonsums sieht der Unterschied eines gesunden und kranken Verhaltens folgendermaßen aus: Der Gesunde trifft seine Freunde, denkt daran, was er mit ihnen diskutieren möchte, und bestellt ein Getränk seiner Wahl. Er achtet nicht darauf, was die anderen trinken. Nicht, weil es ihn nicht interessiert, sondern weil es nicht wesentlich ist. Derjenige, der den Sinn eines Treffens vergisst und seine Freunde trifft, weil er es als notwendig erachtet, hofft darauf, dass der Abend schön wird. Damit er schön wird, wird auf jeden Fall ein Bier bestellt. Und es wird darauf geachtet, was die anderen trinken, denn das Getränk beeinflusst die Stimmung und nicht mehr der Inhalt einer Diskussion.

In diesem Buch wird davon ausgegangen, dass die Seele, der Kompass oder Wegweiser, für einen erfolgreichen Lebensstil verantwortlich ist. Das Wissen über die Seele ist jedoch sehr begrenzt, bislang ist es nicht möglich, sie nachzuweisen. Auch die unterschiedlichen Gedächtnisinhalte können erst seit zirka 60 Jahren biologisch nachgewiesen werden. Trifft man alltägliche Entscheidungen, die wir mit seelischen Inhalten in Verbindung bringen, muss gut darauf geachtet werden, nicht selbst eine Rolle anzunehmen, die einem jegliche Realität abspricht. Darüber hinaus darf man andere Menschen auch nicht in eine Rolle hineindrängen, die deren Wahrheit infrage stellt. Man sollte also weder selbst die Rolle eines kranken Menschen annehmen noch verteilen. Jemandem die Freiheit zu gewähren, einen individuellen Lebensstil zu wählen, bedeutet somit auch, sich selbst eine Freiheit zu nehmen. Als Beispiel für die Rolle eines kranken Verhaltens kann die sexuelle Orientierung erwähnt werden. Noch bis vor wenigen Jahren war Homosexualität strafbar und galt als Krankheit. Aus der Praxis ist bekannt, dass Frauen im Bestreben, nach jahrelanger Ehe ein eigenes Leben aufzubauen, von ihren (Ex-)Männern als depressiv, menopausal oder Burn-out-gefährdet bezeichnet werden. Jene zugeschriebenen Verhaltensweisen, die aus psychologischer Sicht als Schrei nach Freude, Liebe und Freiheit zu deuten sind, können leicht als psychiatrisch krank abgestempelt werden.

Plakativ illustriert zeigt eine simple Lebensentscheidung, wie sehr man von anderen Menschen bewertet wird. Verstehen meine Mitmenschen eine Entscheidung, die ich treffe, werde ich von ihnen als *normal* oder als *gesund* bewertet. Verstehen Mitmenschen etwas nicht, so kann Gegenteiliges passieren: Möglicherweise werde ich von ihnen für meine unverständliche Entscheidung als nicht ganz normal oder gar als krank eingestuft. Orientiere ich mich hingegen an der Meinung anderer Menschen, so stelle ich mir wohl tatsächlich die Frage, ob ich noch normal beziehungsweise gesund bin.

Muss ich mich beispielsweise als Mann zwischen einer armen, unattraktiv geltenden, aber sehr liebevollen Frau und einer attraktiv geltenden, wohlhabenden, aber nicht liebevollen Frau entscheiden, dann sagt mir der Verstand: »Mit der attraktiv geltenden kannst du dich zeigen. Nimm das hübsche Geld, Probleme hast du mit jeder Frau.« Das Herz sagt: »Die Liebe ist ehrlich, macht reich und hält gesund. Genier dich nicht vor deinen Freunden.« Beide Entscheidungen werden als Freiheit und als individueller Lebensstil gewertet. Trifft eine Frau solche Entscheidungen, werden die Diagnosen einer Existenzangst und die Symptome eines zwanghaften Sicherheitsdenkens diskutiert und weit weniger die Freiheit und der individuelle Lebensstil. Harmonie fühlt sich gut an, dennoch wird in den Augen der Mitmenschen diese Harmonie einmal als echt und ein andermal als krank interpretiert.

## Erkennungsmerkmale für die richtige Entscheidung

Eine Entscheidung zu treffen, von der wir erwarten, dass sie richtig ist, bedeutet, darauf zu warten, dass sich ein gutes Gefühl einstellt – jenes der Erleichterung und der Sicherheit. Oft jedoch tritt dies nicht ein und das führt dazu, dass man Entscheidungen infrage stellt. Selbst ein Mensch mit hohem Selbstwert, der weiß, dass die Entscheidung richtig war, kann nur zu sich sagen: »Ich habe die richtige Entscheidung getroffen und damit so eine Art Weiche gestellt. Jetzt kann ich bloß hoffen, dass sich alles in die richtige Richtung entwickelt.« Sich selbst eine Entwicklung zu erlauben und damit Entscheidungen zu treffen, bei denen uns andere Menschen kaum helfen können, heißt, sich nicht von dem Gefühl der Erleichterung und Sicherheit abhängig zu machen. Ob eine Entscheidung tatsächlich richtig oder falsch war, benötigt ein Ergebnis, das sich mit der Zeit einstellt. Es ist notwendig, sich diese Zeit zu geben, damit man auch den Gefühlen die Möglichkeit schenkt, sich zu entwickeln. Solange also die Sicherheit gewährleistet und man mit seinen Ergebnissen nicht unzufrieden ist, darf man davon ausgehen, dass die Entscheidung richtig war. Hauptmerkmal, das Richtige zu tun, ist einzig das Gefühl.

*Ein Beispiel aus meiner Praxis: Die Entscheidung für eine Arbeit*

*Eine Patientin, Susi S., 38 Jahre alt, die seit wenigen Monaten arbeitslos ist, hatte ein Vorstellungsgespräch. Es verlief positiv, das heißt, sie bekam die Zusage, bald wieder in ihrem Beruf arbeiten zu können. Ein, zwei Stunden nach dem Gespräch, berichtet Frau S., litt sie an massiven Panikattacken inklusive Atemnot, Schweißausbrüchen, Herzrasen und dem Gefühl, etwas verändern zu müssen.*

*Sie entscheidet sich für eine psychologische Beratung, um zu überlegen, was in ihrem Leben zu ändern sei. Ganz selbstverständlich berichtet sie von einem Arbeitsalltag zwischen 9 und 16 Stunden, von dem Stress, Dinge rechtzeitig abgeben zu müssen, von abgebrochenen Urlauben sowie der Notwendigkeit, hin und wieder auch an den Wochenenden ins Büro zu gehen. Diese*

*Beschreibung wirkt so emotional ruhig, dass ich die Dame frage, ob die Bezahlung an das Arbeitsausmaß angepasst sei, ob sie wirklich so viel Geld brauche und verdienen müsse, weshalb sie ihre Lebenszeit in Arbeitszeit umwandle. Sie reagiert verwundert und verneint meine Frage. Was sie leisten müsse, seien die üblichen Anforderungen beim gleichbleibenden Gehalt einer 40-Stunden-Woche.*

*Die genaue Analyse zeigt, dass es Frau Susi S. bisher nicht gelungen ist, die Mindeststandards der in Österreich gängigen Arbeitsbedingungen für sich einzufordern. Die Panikattacke, ihr Gefühl also, bildet die einzige Instanz, die von ihr verlangt, sich nicht unter ihrem Wert zu verkaufen. Eine Forderung, die doch recht vernünftig scheint und daher in die Therapie einfließt. Künftig soll es Frau S. gelingen, diese Forderung in ihrem Arbeitsumfeld ohne Panikattacken umsetzen zu können. Die größte Schwierigkeit hierbei ist die Verstandesebene, die Susi S. immer wieder zu verstehen gibt: Alle müssen so viel arbeiten. Frau S. berichtet, in einem sozialen Umfeld aufgewachsen zu sein, in dem es tatsächlich ein gesellschaftliches Phänomen ist, dass mehr Überstunden selbstverständlich geleistet werden müssen als vertraglich vereinbart. All ihre Freundinnen und Bekannten stehen vor derselben Situation, entweder permanent arbeiten zu müssen oder arbeitslos zu sein. Das Gefühl kann sie schwer als Wegweiser auffassen, denn ein gesellschaftliches Phänomen betrachtet sie, ohne dies zu hinterfragen, deshalb haben Angst und Wut bisher das scheinbare Problem für sie dargestellt. Nach eigener Aussage habe sich Frau S. oft über die Mitteilung ihrer Vorgesetzten, welche Arbeit bis wann fertigzustellen sei, geärgert, jedoch keine Möglichkeit gefunden, diese Gefühle auszudrücken, denn in ihrer Arbeit seien alle mit demselben Problem konfrontiert. Aus psychologischer Sicht stellt die Panikattacke eine Form der Wut dar, die sich gegen einen selbst richtet: das klassische Konversions-Symptom.*

*Meiner Patientin ist es letztendlich aber gelungen, sich selbst-*
*ständig zu machen und auf diese Weise in ein anderes Bewer-*
*tungssystem einzusteigen. Nunmehr wird sie dafür bezahlt, wofür*
*sie arbeitet – ganz nach der Devise: Mehr Arbeit, mehr Geld.*

Das Fallbeispiel zeigt, wie wichtig es ist, Gefühle als richtig einzustufen. Fühlt sich jemand ungeduldig, nicht respektiert, ausgenutzt oder denkt, andere Menschen seien unverschämt und
dumm, und sieht derjenige diese Gefühle als Problem an, so
ist das ein Zeichen dafür, dass Gefühle nicht ernst genommen
werden, denn die Aufgabe der Gefühle wird nicht erkannt. Die
einzige Möglichkeit, sich selbst treu zu bleiben, besteht darin,
an sich und seine Partnerschaft zu denken, aber nicht an all das,
was als normal angesehen wird. Aus psychologischer Sicht muss
hier jedoch unterschieden werden zwischen dem, was normal
und was pathologisch ist. Der Zustand einer Angststörung und
Panikattacken deuten auf eine Pathologie, also einen Krankheits-
zustand hin, der erst entsteht, wenn die »normale« Unzufriedenheit und Traurigkeit nicht ernst genommen werden.

# Dürfen – Können – Wollen

Noch bevor man sich reichlich überlegt, was man vom Leben möchte, kommt bei vielen Menschen der Zweifel: Darf ich das überhaupt? Schränke ich dadurch andere ein? Schade ich anderen oder tue ich ihnen weh? Was man somit wirklich vom Leben will, wird als ein Kompromiss zwischen Dürfen, Können und Wollen ausgelebt. Der Verstand erklärt einem logisch, dass die Gesellschaft einem abverlangt, aus Rücksichtnahme auf den anderen etwas zu unterlassen oder zu tun. Betrachtet man diesen Satz als Psychologe auf der Gefühlsebene, so steht fest: Im Normalfall möchte kein Mensch einem anderen schaden. Somit ist dieser Satz falsch. Jeder kann für sich einen Weg finden, seine Bedürfnisse auszuleben, ohne anderen zu schaden. Die Unterscheidung zwischen Schaden und Wehtun ist hier auch bei Kleinigkeiten essenziell. Was darf ich beispielsweise anziehen? Es gibt tatsächlich Kleidungsstücke, die einem Ästheten wehtun, jedoch richten sie keinen Schaden an. Von Kindheit an lernen wir, zwischen dem Schaden und dem Wehtun keinen Unterschied zu machen.

Um die Frage nach dem eigenen Willen zu beantworten, muss man sich trauen, anderen Menschen wehzutun, ihnen aber nicht zu schaden. Es ist auf der emotionalen Ebene tatsächlich zu erlernen, dass etwa der ästhetische Schmerz anderen

Menschen durchaus zugemutet werden darf. Für diese Art von Schmerzen anderer muss jeder lernen, die Schuld auf sich zu nehmen, da es sonst zu keiner Abgrenzung zwischen sich und seinem Mitmenschen kommen wird. Was darf man sich somit erlauben? All das, was man kann und will, ohne dem anderen zu schaden. Denn man muss auch daran denken, dass der Schmerz des Mitgefühls einer ist, für den man eigentlich nicht die Verantwortung trägt.

Um beim Beispiel des Ästheten zu bleiben: Nur einem wirklichen Ästheten tut es weh, einen Stilbruch in der Kleidung ansehen zu müssen. Jemand, der weniger Wert auf Kleidung legt, wird diese Art von Freiheit nicht als Schmerz erleben. Als Konsequenz dieser Überlegungen ist es also erlaubt, durch ein Verhalten, das dem anderen nicht schadet, dem Mitmenschen wehzutun. Besonders in der Kunst hat sich gezeigt, dass die Überschreitung von gesellschaftlichen ungeschriebenen Gesetzen vielen Menschen wehgetan, diesen jedoch nicht geschadet, sondern im Gegenteil den Blick für das Wesentliche erweitert hat. Beispielhaft sei hier die Aktionskunst erwähnt. Dort macht der Künstler etwas Aktives, er malt nicht im stillen Kämmerchen ein Bild, das erst gesehen wird, wenn es fertig ist, sondern er löst durch die Aktion etwas in anderen aus. Diese Art der Darstellung mag für viele nicht nachvollziehbar sein, wichtig ist jedoch, sich selbst zu erlauben, eine Möglichkeit zu finden, das darzustellen, was man möchte.

Besondere Bedeutung hat hierbei die Instanz des Über-Ichs, die auch als Eltern-Ich bezeichnet wird. Diese gibt vor, was als richtig und was als falsch betrachtet wird. Wir übertragen diese Inhalte nicht nur auf unsere Eltern, sondern auch auf Vorgesetzte und Autoritäten. Mit Vollendung der Pubertät haben wir die Notwendigkeit, dieses Wissen zu relativieren. Das bedeutet, dass jeder für sich neu definieren muss, was richtig und was falsch ist beziehungsweise wie man sich selbst und anderen erlauben kann, ein individuelles Bild davon zu haben. Ab dem Ende der Pubertät darf man sich selbst in der Wertigkeit mit seinen Eltern gleichsetzen. Dies heißt nicht, dass die Eltern keine Autoritätspersonen mehr sind, denn sie verfügen weiterhin über mehr Erfahrung.

## Das muss so sein

Die Entscheidung für sich selbst, seiner eigenen Meinung treu zu bleiben, heißt, sich nicht mehr nach Situationen und Konventionen zu richten und gleichzeitig Teil einer Gruppe zu sein.

Wir sind stets Teil einer Gruppe, jedoch orientieren wir uns an unterschiedlichen Gruppen. Aus psychologischer Sicht betrachtet, stimmen wir der Meinung oder den Themen von Freunden oftmals zu, nicht unbedingt wegen des Inhalts, sondern oft nur, um zu signalisieren: »Ich nehme dich ernst, ich respektiere dich.« Das führt letzten Endes so weit, dass wir uns nicht mehr trauen, eine eigene Meinung zu vertreten oder andere Entscheidungen zu treffen. Macht man sich von der Zugehörigkeit einer Gruppe abhängig, so kann das einen krankhaften Charakter annehmen. Unter Jugendlichen ist hierbei typisch, die Zigarette mit Freunden auszuprobieren, selbst wenn einem schlecht wird, oder eine bewusstseinserweiternde Substanz zu sich zu nehmen, auch wenn beim ersten Mal die pure Angst die einzig spürbare Erweiterung ist. Im Erwachsenenalter wird diese Grenze ausgedehnt und man wagt es nicht mehr, bei seinen Freunden ein Glas warme Milch zu bestellen, wenn alle anderen ein kühles Blondes trinken. Es ist also eine unsichtbare Grenze, die die eigene Identität bewahrt und aufrechterhält. Viel zu spät bemerkt man erst, dass man zwar die Meinungen und Wünsche anderer Menschen respektiert, jedoch nicht die Grenzen des eigenen Körpers. Was geht da vor sich?

Innerhalb des Freundeskreises oder einer Gruppe entsteht das Gefühl, dass ein Verhalten so sein müsse. Das beginnt unsichtbar, und ein junger Mann in meiner Praxis beschreibt diese Situation folgendermaßen: »Ich weiß nicht warum, aber ich habe sehr unterschiedliche Freundeskreise. Bei der einen Gruppe bin ich ganz anders als bei der anderen, überall passe ich dazu, alle mag ich auch, aber ich möchte mich einfach nicht mehr verstellen. Ich weiß freilich nicht, was mich wirklich stört, denn ich mag ja alle Freunde, ich mag nur nicht, dass ich in jeder Gruppe ein wenig anders bin.«

Diese Beschreibung zeigt, dass es in der Natur des Menschen liegt, sich anzupassen, um das Gefühl zu haben, dazuzugehören. Durch das richtige Denken kann es gelingen, sich nicht nur zu verstellen und trotzdem dazuzugehören. Denn nur, weil etwas nicht ausgesprochen ist, weil man denkt, vor seinen Freunden müsse etwas so sein, bedeutet das nicht, dass diese nicht bereits spüren oder ahnen, wie man wirklich ist.

Um die Behauptung »Das muss so sein« zu stützen, lohnt sich die Konzentration darauf, was wirklich sein muss. Was eine Gesellschaft braucht, damit alle überleben können, ist also die Einstellung »leben und leben lassen«. Um mehr als nur überleben zu können, um sich also zu entwickeln, zu lernen oder frei zu entfalten, genügt diese Philosophie nicht. Wir müssen als wertvoll erkannt werden, um einen freien Willen zu entwickeln. Diese Chance versuchen wir auch Freunden und Kollegen zu bieten, indem wir beispielsweise deren Meinung bestätigen, ihnen hierdurch Respekt erweisen und die eigene Meinung etwas hintanstellen. Wir setzen also das Wertvoll- und Gutfinden mit Respekt und Anerkennung gleich. Ist man beispielsweise innerhalb einer Gruppe der Einzige, der sich für oder gegen etwas entscheidet, so ist es wichtig, von denen, die der Gruppe angehören, positiv bestätigt und bestärkt zu werden. Ohne die Bestätigung wird eine Entscheidung infrage gestellt.

Sitzt man also in einer Runde von Freunden, die ein Glas Bier trinken, und bleibt man bei seinem Coca-Cola, so kann es passieren, dass die Kumpel nach dem dritten Bier fragen: »Sind wir nicht gut genug, dass du mit uns kein Bier trinkst?« Oder: »Wir sind so froh, dass wir hier sind, wir genießen den Abend und du zeigst nicht deine Freude.«

Die richtige Antwort auf solche Verweise liegt in der Bestätigung des Wertes: »Ich bin so froh, dass ich bei euch nichts machen muss, sondern so sein kann, wie ich bin. Heute ist mir nach Coca-Cola.«

## Das darf ich sein

Ein Leben lang lernen wir unbewusst von Eltern, Freunden, Kollegen, Fernsehfilmen, ja sogar von Feinden, wie man sein Leben führen kann. Hieraus ersehen wir, wie das eigene Leben gestaltet werden soll und wie nicht. Doch manchmal fällt es schwer, diesen Vorstellungen und Ideen zu entsprechen. Daher entsteht eine Art Unzufriedenheit, ein innerer Druck sowie der Eindruck, man verstelle sich und spiele eine Rolle in der Gesellschaft, ohne konkret zu wissen, was nicht passt und weshalb man sich so fühlt. Zur Auflösung des Dilemmas sollte jeder zunächst auf der philosophischen Ebene seinen Lebensstil hinterfragen und einen individuellen Lebensstil andenken. Daraufhin kann man langsam beginnen, seine Art zu leben zu ändern und hierdurch auch den Kontakt mit Eltern, Freunden und Bekannten zu beeinflussen. Um sich anderen Menschen gegenüber nicht verstellen zu müssen, also um so sein zu können, wie man tatsächlich ist, muss im Denken die Erlaubnis erteilt werden, so sein zu dürfen. Die Erlaubnis besteht darin, die eigene Meinung als genauso richtig und bedeutend zu empfinden, wie jene der Freunde, Eltern oder Feinde. Denken wir an die von Sigmund Freud postulierte Struktur der unterschiedlichen Gedächtnisinhalte, so wird diese Erlaubnis in der Instanz des Über-Ichs gegeben. Gleichzeitig bewerten die Ebene des Ichs und des unbewussten Es diese Erlaubnis als wertvoll. Die Betonung liegt hier auf wertvoll und nicht auf der Einstellung »ist mir eigentlich egal«.

Die große Schwierigkeit liegt darin, dass wir von Kindheit an lernen, uns an anderen Menschen zu orientieren. Das Ergebnis dieser Orientierung führt dazu, in Gegensätzen zu denken. Bin ich also nicht für etwas, so bin ich aufgrund meiner Denkstruktur gegen etwas. Solange diese Denkstruktur aufrechterhalten wird, ist es Freunden und Bekannten möglich, die eigene Meinung als Gegensatz zu erleben. Das Resultat besteht darin, dass diese Freunde und Bekannten dann über das Gefühl des Gegensatzes nachdenken, aber nicht mehr über den Inhalt meiner neuen Gedanken. Es ist also wichtig, die Orientierung am Gegenüber zu verlieren und seine Ideen gleichwertig neben die Ideen des anderen zu stellen. Weshalb neben die Ideen? Weil Worte mit Werten zusammenhängen, die wie auf einer Skala hoch oder niedrig stehen. Verbleibe ich in meinem gegensätzlichen Denken, so bewerte ich die Ideen des anderen ebenfalls als hoch oder niedrig. Infolgedessen fühle ich mich anderen Menschen gegenüber entweder groß oder klein.

Innerhalb des eigenen Körpers wird diese Erlaubnis als Erleichterung empfunden gegenüber einem Verbot, das in Form von Spannung erlebt wird. Verstoße ich gegen etwas, entsteht im Körper eine starke innere Anspannung, die entweder durch Aggression, Angst, Depression oder Kränkung abgebaut werden kann. Erlaubnis als Akzeptanz und körperliche Erleichterung geht so mit empfundener Harmonie einher. Es wird hierdurch deutlich, dass ich mir zuerst etwas gedanklich erlauben muss, damit der Körper nicht mit einer Spannung auf mein Verhalten reagiert.

Ein weiterer Aspekt ist bei dem Prozess des Erlaubens entscheidend: Wer erlaubt mir etwas? Die Frage »Wie werde ich *Ich*?« zeigt, dass ich mir selbst etwas zugestehen muss. Doch bis zum Ende der Pubertät ist man von der Meinung und Wertschätzung der Eltern abhängig. Bis dahin müssen mir diese Eltern etwas erlauben. In der Struktur der psychischen Inhalte wird der Instanz von Erlauben sowie Gut und Böse deswegen nicht nur der Name Über-Ich gegeben, sondern auch Eltern-Ich. Der Instanz des Es, der Gefühle, Triebe und der Lust wird der Name Kinder-Ich verliehen. Mit dem Erwachsenwerden erfolgt die Erlaubnis durch die Instanzen der inneren Eltern und das innere Kind, die miteinander eine Art unsichtbaren Dialog führen müssen. Der ist von demselben Problem begleitet, mit dem jeder Psychologe konfrontiert wird: Wie kann ich fühlen, was ich denke?

## Das kann ich sein

Bei der Frage, wie man zu sich selbst stehen kann, ohne aus einer Gruppe ausgeschlossen zu werden, gibt es unzählige Möglichkeiten, wie man sein kann. Was kann ich nicht alles sagen oder unterlassen zu sagen? Was kann ich nicht alles kaufen oder darauf verzichten, es zu erwerben? Was kann ich nicht alles tun oder davon Abstand nehmen, es zu tun? Zwischen vielen Möglichkeiten muss ich jene finden, die am ehesten zeigt, wer oder was ich bin. Dabei kann ich auch versuchen, alle negativen Erfahrungen als Gewinn zu sehen. Ertappe ich mich dabei, wieder einmal etwas nur für jemand anderen getan zu haben (ausgenutzt worden zu sein) oder falsch verstanden worden zu sein, darf ich zu mir selber sagen: »Gut, dass ich wieder weiß, wie ich nicht bin.«

Auch aus solchen Situationen lässt sich erlernen, was man will und wer man sein möchte. Es ist wichtig zu wissen, was man nicht möchte, und unangenehm, diese Erfahrung mehrmals zu machen.

Die Tatsache, dass wir uns an anderen Menschen – durch das Mitgefühl – orientieren, lenkt davon ab, daran zu denken, was der eigene Wille beziehungsweise Kopf denkt und was das eigene Herz begehrt. Sich zu wünschen, dass mein Gegenüber anders denkt, macht den anderen zu einer Art Gegner, und man vergisst, dass dieser denselben Wunsch verspüren könnte. Hierdurch entsteht auch der Eindruck, man sei der Nabel der Welt. »Ich kann ja nur mich wichtig nehmen und jene Menschen, mit denen ich Kontakt habe«, sagt der Verstand. Doch ein Mensch besteht nicht nur aus dem Verstand, sondern er lebt mit anderen mit. Die Tatsache, dass wir nicht nur mitleben, sondern uns auch vergleichen, kann uns auf die Idee bringen: »Das will ich auch« oder »Das kann ich auch!«. Die Entwicklung von Fähigkeiten, um sich anderen Menschen zu zeigen – wie das Erlernen eines Instruments –, kann dadurch ausgelöst werden, indem andere Menschen als Vorbilder und Ideale betrachtet werden. Zwischen dem Ideal und dem Selbst wird eine gedankliche Verbindung hergestellt, die auf den Verstand wirkt. Die Gewissheit »Das kann ich auch!« kann somit Entscheidungen betreffen, wie man sich anziehen möchte, wie man geht, welches Auto man fährt oder welches Instrument man erlernt. Die Erweiterung der eigenen Persönlichkeit um Möglichkeiten des individuellen Ausdrucks bedeutet, all das zu erkennen, was man auch kann.

# Herz oder Kopf?

Die Überlegung »Herz oder Kopf?« beinhaltet die Entscheidung, ob man eher auf seine Gefühle oder mehr auf den logischen Verstand achten soll. Sie ist deshalb so aktuell, weil Menschen möglichst so leben sollen, dass sie sich selbst achten und respektieren sowie von anderen geachtet werden können. Die Wertschätzung hängt stark mit der Empfindung von Glück und Sinn zusammen. Die Entscheidungsfindung »Gefühl kontra Verstand« ist somit ein Prozess, der gleichzeitig zwischen den eigenen Gedanken und den Äußerungen anderer Menschen vor sich geht.

Wir sind zumindest auf die Liebe eines Menschen angewiesen, um Glück und Sinn empfinden und ausdrücken zu können. »Wie werde ich *Ich*?« ist somit nicht eine Anleitung zum Egoismus, sondern ein Ratgeber dafür, wie man seine eigene Vorstellung davon, was im Leben wichtig und wertvoll ist, gemeinsam mit anderen Menschen erfolgreich entwickeln kann. Diese Liebe wird entweder eine erotische oder eine platonische sein. Die erlebte erotische Liebe inklusive Sexualität erhöht jedoch die Sensibilität dafür, ganz der zu werden, der man ist. Man kann sich hierbei nämlich ganz auf sein Gefühl verlassen. Liebt man jemanden wirklich, so weiß der Verstand, dass man dem anderen nicht schaden oder wehtun wird, egal was man tut. Man muss sich hierbei also nicht verstellen, keine Rolle spielen oder einen Leistungsdruck aufbauen, um jemandem zu entsprechen. Körper und Geist beziehungsweise Verstand können hier eine Einheit bilden und man kann sich dem anderen Menschen genau so zeigen, wie man ist. Dadurch, dass man sich ganz zeigen darf, wie man ist, was man möchte, was einem guttut und was nicht, erfüllt man also auch ein seelisches Bedürfnis.

Jedes menschliche Individuum besteht aus einem Körper, einem Verstand und einer Seele. Es benutzt sowohl die körperliche als auch andere Materien, um zu zeigen, wer es ist. Genauso kann es sich über Leistungen des Verstandes definieren. Materielle und ideelle Symbole wie zum Beispiel ein Auto oder ein Kreuz helfen ihm dabei, seine Identität deutlicher hervorzuheben. Je mehr Bestätigung durch die Liebe anderer Menschen erfolgt, desto weniger wichtig werden Symbole. Teure Schuhe, Schminken, Friseur – all das verliert an Bedeutung, sobald man täglich spürt und anderen zu spüren gibt, wer man ist. Je mehr ich *Ich* bin, je sicherer ich Entscheidungen zwischen Herz und Kopf treffe, desto größer ist der empfundene Grad an Freiheit, mich in der Gesellschaft zu bewegen. Diese gedanklich erlebte Freiheit drückt sich körperlich in Mimik und Gestik aus, durch einen aufrechten Gang beispielsweise, oder einen Blick, der von Respekt, Bescheidenheit und Stolz gleichermaßen geprägt ist.

Für dieses Ziel muss man freilich lernen, sich durch keinerlei Gefühle manipulieren zu lassen. Jedes Gefühl ist gleich viel wert, sehr wohl aber sind nicht alle Gefühle gleich angenehm. Dabei muss jeweils die Aufgabe des Gefühls erkannt und beurteilt werden, ob sie noch erforderlich ist. Ein Schüler beispielsweise, der aufgrund mangelnder Bereitschaft, im Unterricht mitzuarbeiten, von seinem Lehrer / seiner Lehrerin gekränkt wird – wahrscheinlich mit der Hoffnung, so ändere sich das Verhalten –, wird als erwachsener Mann noch das Gefühl von Scham und Kleinsein spüren. In diesem Fall sollte er sich überlegen, ob er mit jener demütigenden, einengenden Situation nicht anders umgehen müsste. Schließlich kann er ja seiner Lehrerin / seinem Lehrer so begegnen, dass jene Gefühle die Beziehung nicht mehr unangenehm belasten. Dies ist jedoch nur möglich, indem er aufhört zu glauben, sich gegen die bedrückenden Gefühle und unliebsamen Menschen weiterhin wehren zu müssen. Die Erlebnisse von Respektlosigkeit und Unverständnis haben die Beziehung geprägt. Solange man sich gegen diese Gefühle wehrt, bleiben sie bestehen, und die Art der Beziehung wird sich nicht entwickeln können. Dann trifft tatsächlich ein erwachsener Mann, der sich wie ein kleiner Schuljunge fühlt, seine/n mittlerweile alte/n Lehrer/in.

Je weniger Liebe entgegengebracht wird, desto schwerer fällt die Entscheidung zwischen Gefühl und Verstand, da die Entwicklung des eigenen Ichs nicht von Akzeptanz als Signal an das Gefühl (»Das ist richtig«) begleitet wird. Solange ich nicht spüre: »Ich bin richtig, so wie ich bin, und das ist gut, so wie ich bin«, wird es schwierig sein, das Mitgefühl richtig einzuschätzen. Die Frage, wie es dazu kommen kann, eine Frau unsittlich zu berühren, ohne dass diese es möchte, kann nur so ausreichend erklärt werden, dass das eigene Ich nicht ausreichend respektiert ist und deswegen auch andere nicht respektieren kann. Der Verstand hat nicht die Möglichkeit, ein Gefühl richtig einzuschätzen. Dieses Problem ist nicht durch eine Idee lösbar, sondern muss in jeder Generation mit jeder Geburt neu bewältigt werden. Jedem neuen Lebewesen muss aufs Neue signalisiert werden, dass es gut ist, da zu sein. Jeder Zweifel bringt neuerlich das Problem hervor, dass dieser Mensch selbst daran zweifelt, dass das, was er fühlt, richtig ist. Es ist schwierig, ein Bewusstsein zu erlangen, bei dem sich mit gutem Gefühl sagen lässt: »Ich wurde als Kind nie gewollt, aber das machte mir nichts aus.«

Jede Beziehung bringt die Chance mit sich, ein Gefühl zu entwickeln, dem man trauen kann. Die Liebe zu einem Menschen ermöglicht es, sich ebenfalls als gut und richtig zu erkennen und dadurch auch das Mitgefühl richtig einzuschätzen. Jeder Mensch wurde mit der Fähigkeit ausgestattet, mitzufühlen – also zu verstehen, wie es dem anderen geht. Eine Beziehung erlaubt somit, die Entscheidungen für sich zwischen Herz und Kopf im Einklang – und damit richtig – zu treffen.

Das Ziel der Entwicklung des Ichs liegt darin, jene Freiheit zu erlangen, um selbstbestimmt zu leben. Oft fragt man sich, was man tun möchte, obwohl sich im Grunde die Frage stellt, wie man etwas tun möchte. Die Selbstbestimmung bedeutet nicht, etwas Gutes schlecht zu machen oder etwas Richtiges falsch darzustellen, sondern die Umstände, unter denen etwas passiert, zu verändern. Für das Ich oder für die Seele eines Menschen ist es wesentlich, akzeptiert und wertgeschätzt zu werden – für etwas, was man tut oder unterlässt.

## Die Konstruktion der eigenen Realität

Muss man sich für den Verstand oder das Gefühl entscheiden, kann dies auch bedeuten, sich entweder für etwas zu entscheiden, das man bereits kennt, oder aber für etwas, das sich erst entwickeln muss. Der Verstand als Sicherheit bietende psychische Instanz weiß, welche Faktoren im Leben die Wahrheit oder Realität darstellen. Es kann passieren, dass diese Realität etwas Unangenehmes oder etwas Langweiliges darstellt, sodass man riskiert, sich eine neue Wahrheit vorzustellen, bis diese zur Realität wird. Besonders dann, wenn es darum geht, sich auf etwas Neues in einer Beziehung einzulassen, ist es schwierig, die bekannte, unangenehme Realität in Kauf zu nehmen, und die neue, ungewisse zu riskieren. Eine Entwicklung in einer Beziehung beginnen zu wollen bedeutet, sich auf etwas verlassen zu müssen. Jeder weiß, dass man sich nicht immer auf andere Menschen verlassen kann. Deswegen ist das Risiko, sich für etwas Neues zu entscheiden, gekoppelt an das sichere Vertrauen auf sich selbst. Geht die Triebfeder des Menschen von Unzufriedenheit, Lust oder dem Streben nach Erkenntnis aus, bedeutet das, eine Spannung im Körper zu empfinden, die ein bestimmtes Verhalten oder Gedanken auslöst. Von ihnen wird erwartet, dass sich Spannung in Harmonie verwandelt.

In einer zwischenmenschlichen Beziehung bedeutet das Empfinden von Unzufriedenheit, dem Partner darstellen zu wollen, was die Unzufriedenheit ausmacht, darüber hinaus auch, was man erwartet, um zufrieden zu sein. Stimmt der Partner einer Handlung zu, kann man sich für diese entscheiden, und Harmonie darf eintreten. Stimmt der Partner jedoch nicht zu, besteht weiterhin Bedarf, dem Gegenüber zu erklären, wie die Zukunft aussehen könnte, wenn man etwas Bestimmtes tut. Besonders das Thema Urlaub kann in Partnerschaften herangezogen werden, um eine erzeugte Realität wahr werden zu lassen, indem man bereits im Frühjahr auf das tolle Gefühl im Sommer hinweist, das erst entstehen wird, wenn man drei Wochen lang faul am Strand liegt.

Die Entscheidung für ein Verhalten wird also durch eine Realität bestimmt, die man dem anderen schmackhaft macht. Dieses banale Beispiel ist für alle Lebensbereiche gültig. Die große Problematik besteht freilich darin: Was passiert, wenn man nicht über genügend Ressourcen verfügt, um auf Urlaub fahren zu können? Die Spannung im Körper, die bereits Anfang des Jahres dadurch ertragen wird, dass man hin und wieder an den Sommer denkt, findet nun keine Gedanken, die sie erträglich beziehungsweise aushaltbar machen. Entsprechend der geänderten Realität muss eine neue Idee konstruiert werden, die denselben Spannungsabbau ermöglicht wie die verloren gegangene Aussicht auf den Urlaub.

## Wie werde ich nun *Ich*?

Ganz man selbst zu werden und die Sicherheit zu haben, nicht etwas *Schlechtes* zu tun, beginnt damit, sich selbst nicht schlechtzumachen. Das genügt, denn die Frage »Wie werde ich *Ich*?« ist keine schwierige Schulaufgabe, sondern eine Entscheidung für etwas Leichtes. Man darf sich nämlich leicht dafür entscheiden, was einem liegt und was man kann. Es ist die Entscheidung, dass die eigenen Ideen, die eigene Art sein Leben zu führen und etwas zu tun, genauso richtig ist, wie die Art, eines anderen Menschen. Oft traut man sich nicht, etwas auszuleben, sollten Eltern und Freunde davon abraten oder sogar meinen, es wäre töricht, dies zu tun. Deshalb macht man sich selbst die Entscheidung so schwer. Die große Herausforderung bei der Entscheidung für etwas Eigenes liegt in der Frage: Was bedeutet eigentlich gut und schlecht? Das beantwortet jeder Mensch für sich mithilfe seines Verstandes und seines Gefühls. Sind sich Verstand und Gefühl bei der Definition der Kategorien von Gut und Schlecht, Richtig und Falsch nicht ganz einig, so denkt er, wer denn recht habe: Herz oder Kopf? Zusammen mit der Überlegung »Wie treffe ich Entscheidungen, die richtig sind?« kreisen die Gedanken also hauptsächlich um die Fragen, wie der Verstand Klarheit gewinnt, wo ein Gefühl herrührt und welche Gefühle man sich nach einer Entscheidung erhofft. Die scheinbar gegensätzliche Entscheidung zwischen Verstand und Gefühl zeigt sich oft als eine Entscheidung zwischen einer altbekannten Befürchtung oder einer neuen Realität und Wirklichkeit, die am Anfang nur derjenige hat, der Hoffnung für eine bestimmte Sache hegt.

Die wichtigste Überlegung zwischen zwei Entscheidungen ist jene, wie man die Vorstellungen und Ideen, die man vom Leben hat, anderen Menschen so vermitteln kann, dass diese die Ideen ebenfalls vor Augen haben und dann entscheiden können, ob sie etwas unterstützen oder sich davon distanzieren müssen. Die Tatsache, dass der Verstand beziehungsweise Kopf eine Ursachenerklärung sucht und das Gefühl eine Sinnempfindung erleben möchte, lässt den Eindruck entstehen, dass Herz und Kopf keine Einheit bilden können. Umso mehr ist darauf hinzuweisen, dass der Verstand darauf abzielt, die Ursache von Gefühlen zu erklären, um nicht Entscheidungen als sinnvoll zu erleben, die dem Körper nicht guttun. Der Verstand ist das essenzielle Hilfsmittel, das Gefühlen jenen Platz zuteilen kann, den sie verdienen. Die Fähigkeit, auch aus Kleinigkeiten ein emotional dramaturgisch großes Ereignis entstehen zu lassen, bedeutet noch nicht, dass diese großen Ereignisse auch tatsächlich eine große Rolle im Leben eines Menschen spielen. Umgekehrt genauso: Der harmlos wirkende Umgang mit Banalitäten kann das Mitgefühl in zwischenmenschlichen Beziehungen derart reduzieren, sodass man übersieht, wie sehr die eigenen Verhaltensweisen anderen Menschen schaden. Ebenso kann ein selbstsicheres, gutes und lockeres Gefühl die Risikobereitschaft eines Menschen derart erhöhen, dass das eigene Leben in Gefahr gebracht wird. Der Verstand hat somit die wichtige Aufgabe, ein Gefühl zu bewerten. In der richtigen Bewertung des

Verstandes liegt die Kunst, seine Entscheidungen des Herzens treffen zu können. Nur wer weiß, weshalb er etwas fühlt, kann sich erlauben, auf sein Gefühl zu hören. Das Mitgefühl muss bei allen Entscheidungen eine Rolle spielen. Man sollte sich erlauben dürfen, anderen Menschen wehzutun, jedoch gleichzeitig sich verbieten, anderen Menschen zu schaden.

Der Unterschied ist wesentlich, da man sonst – auch bei kleinen Entscheidungen – von Schuldgefühlen gebremst wird und nicht für sich entscheidet, sondern für jene Menschen, denen man scheinbar wehtut. Diese Erkenntnis wiegt umso schwerer, da viele Entscheidungen getroffen werden, die bei unglücklichen Menschen Schmerz oder Neid auslösen. Die Orientierung an anderen Menschen kann sich nur nach dem Schaden richten, nicht nach dem Schmerz. Die Verantwortung für andere Menschen – Familie oder Arbeitgeber – wird am ehesten wahrgenommen, wenn es einem gelingt, dass es einem selbst gut geht.

Wenn Sie nun überlegen, welcher Ihrer potenziellen Lebensstile richtig ist oder nicht, so sollte aus der Lektüre deutlich geworden sein, dass die Antwort darauf niemand weiß – außer Sie selbst! Ihr Verstand und Ihr Gefühl entscheiden, was richtig ist und was nicht. Mut für etwas Neues kann sich auch in einem Gefühl der Unsicherheit oder Wagnis ausdrücken. Wenn Sie also eine Entscheidung treffen und dabei Bauchweh haben, muss das noch keinen Widerspruch bedeuten, sondern kann ein Zeichen von Nervenkitzel oder Risikofreude sein. Jede strikte Anleitung dafür, wie Sie selbst werden, wer Sie sind, erübrigt sich somit. Eine Entwicklung kann nur auf einer philosophischen Ebene stattfinden, begleitet von jenen Gefühlen, die mit Gedanken verbunden sind. Dieses Buch soll somit Mut geben, wie aus einer Idee, einer Hoffnung, aber auch aus einer Not oder einer Verzweiflung heraus Wege gefunden werden können, etwas Neues und Freies zu leben.

Nur wer selbst auf sich achtet, kann anderen vermitteln, wie wichtig es ist, auf sich zu achten. Dieser Satz stellt keine Anleitung zur Entwicklung zum Egoismus dar, sondern vielmehr eine Anleitung zum kritischen Hinterfragen, wie man Beziehungen erfolgreich gestaltet. Wofür ist man wirklich verantwortlich und wie kann man die Verantwortung für sich selbst am ehesten wahrnehmen? Eine Entscheidung zwischen Herz oder Kopf muss die bestehenden Strukturen nicht als Hindernis betrachten, sondern kann diese zur Orientierung heranziehen. Weil man Entscheidungen im Leben niemals bloß für sich allein fällt, betrifft die Kernfrage »Herz oder Kopf?« nicht nur das eigene Herz, sondern auch das zumindest eines anderen Menschen. »Wie werde ich *Ich*?« ist somit nicht die Vorlage zum Egoismus, sondern zur Beziehungsfähigkeit: Denn nur ein stabiles Ich kann mit einem Ich ein Wir bilden und Nein sagen zu allem anderen.

Georg Psota
Michael Horowitz

## Das weite Land der Seele

Über die Psyche in einer verrückten Welt

ISBN: 978-7017-3394-1

Was tut uns Menschen psychisch gut, vom Baby- bis zum Greisenalter?
In einer Zeit, in der seelische Erkrankungen und auch Verirrungen
zunehmen, in der sich das Bild unserer Gesellschaft rasant verändert, in
der die Menschen immer gestresster und überforderter sind. Philosophen
beschrieben dieses Phänomen noch vor wenigen Jahren mit dem Titel
„Die Müdigkeits-Gesellschaft". Zunehmend scheint sich diese Müdigkeit
in Ängsten und Ratlosigkeit zu verdichten. Die Autoren nehmen den
Leser mit auf eine Expedition in die wundersame Welt der Psyche.
Sie beantworten Fragen, die jedem von uns schon einmal begegnet sind,
wenn sich die Seele in einem Ausnahmezustand befindet, und stellen
neue Fragen an eine immer verrücktere Welt.